Das Buch

Hätte Franz Josef Strauß das Bayernland tausend Jahre früher regiert, wäre er fraglos mit einem Beinamen bedacht worden, im Süd-Nord-Gefälle etwa »der Starke«, »der Mächtige« oder »der Zänker« – und im 19. Jahrhundert hätte man sich auf Franz Josef »den Streitbaren« geeinigt. Besonders das Mittelalter liebte diese herrscherlichen Beinamen. Sie resultierten aus dem Bedürfnis nach Unterscheidung – wer kam schon klar mit all den bloß numerierten Heinrichen und Karls? –, nach besserer Identifizierung, Ehrerbietung, Spottlust oder Diffamierung. Körperliche Eigenarten (»der Höckrige«), Charaktermerkmale (»der Kühne«), geistige Stärken oder Defizite (»der Weise«, »der Einfältige«) spielten bei der Beinamengebung ebenso eine wesentliche Rolle, wie bestimmte Marotten (»Jasomirgott«) oder markante biographische Fakten (»mit dem Pfeil«, »der Gebissene«). Aber stimmen sie auch immer, diese einprägsamen Attribute? War der berühmte Richard Löwenherz nicht eher ein roher Schlagetot als ein großer Held? Ist Tirols Herzogin Margarete Maultasch wirklich so abgrundhäßlich gewesen? Wie sind diese Namen entstanden, wie haben sie sich durchgesetzt? Reinhard Lebe hat dies alles erzählt und ausgeleuchtet. »So ist ein unterhaltendes Buch zustandegekommen, das auf amüsante Art auch Belehrung zu bieten hat.« (Frankfurter Rundschau)

Der Autor

Reinhard Lebe, geboren 1935 in Berlin, hat Geschichte, Germanistik und Theaterwissenschaft studiert und 1961 zum Dr. phil. promoviert. Er arbeitet seit 1962 als Lektor, Verlagsleiter und Cheflektor in deutschen Verlagen. Von seinen Büchern ist u. a. seine mehrfach aufgelegte Geschichte Venedigs im Mittelalter (›Als Markus nach Venedig kam‹, 1978) bekannt geworden.

W0173104

Reinhard Lebe:
War Karl der Kahle wirklich kahl?
Historische Beinamen –
und was dahintersteckt

Deutscher
Taschenbuch
Verlag

Dieses Buch erschien erstmals 1969 in der Haude &
Spenerschen Verlagsbuchhandlung GmbH, Berlin.

Von Reinhard Lebe
ist im Deutschen Taschenbuch Verlag erschienen:
Als Markus nach Venedig kam (11060)

Vom Autor durchgesehene Ausgabe
Oktober 1990
© 1990 Deutscher Taschenbuch Verlag GmbH & Co. KG,
München
Umschlaggestaltung: Celestino Piatti
Umschlagabbildung: Sepp Buchegger, Tübingen
Umschlagfoto Rückseite: Frank Dorow
Gesamtherstellung: C. H. Beck'sche Buchdruckerei,
Nördlingen
Printed in Germany · ISBN 3-423-11303-0

Inhalt

>Nomen atque omen«
(Name und zugleich Vorbedeutung)
Plautus

Einleitung
Versuch einer kleinen Beinamenkunde

Ein Hauch von Ballade und Anekdote, von Bänkelsang und
»Treppenwitz« umgibt sie stets, sie schmecken nach Nord-
wind, Heldenschweiß und fränkischem Wein – und nicht
wenige sind vor allem drollig. Sie begegnen dem Leser auf
Schritt und Tritt, und wer nur drei- oder viermal jährlich
den ererbten Haus-Ploetz aufschlägt, wer im Geschichtsun-
terricht manchmal zugehört und später vielleicht zwei Geschichtsbücher und drei historische Romane gelesen hat, der
kann ohne längeres Nachdenken ein gutes halbes Dutzend
von ihnen hersagen: Friedrich Barbarossa, Heinrich der Löwe, Richard Löwenherz, Karl der Kühne, Iwan der Schreckliche und August der Starke sind – wie quasidemoskopische
Recherchen des Verfassers ergeben haben – stets in der Spit-
zengruppe der geläufigen Fürstenbeinamen vertreten. Aber
sie begegnen nicht nur auf Schritt und Tritt, sie sind den
Leuten – auch dies das Ergebnis einer Umfrage – zugleich
»irgendwie sympathisch«. Man »mag sie einfach«, weil sie
»so plastisch« sind, weil man sie sich »so schön merken«
kann und weil sie »manchmal so komisch« wirken. Sie sind
die Lichtblicke aller Namenregister und Stammtafeln, Farb-
tupfen in genealogischer Einöde: die alten Könige, Herzöge
und Grafen, die nicht bloß Albrecht, Friedrich, Heinrich,
Johann, Karl, Otto und Wilhelm der Dritte, der Achte, der
Dreizehnte et cetera heißen – sondern »der Unartige«, »der
Einfältige«, »der Zänker«, »ohne Furcht«, »der Dicke«, »der
Wahnsinnige«, »mit dem Pfeil«, »der Faule«, »Kurzhose«,
»der Schöne«, »der Bär« . . .
    Die Potentaten mit der Apposition, mit dem Etikett, ha-
ben ihren bloß numerierten Kollegen viel voraus. Der Beiname, auch wenn er despektierlich ist, hebt sie hervor und gibt
ihnen ein erstes vages Profil. Herzog Heinrich der Zweite
von Bayern – das ist, mit Goethe, Schall und Rauch; Hein-

rich der Zänker – das ist dagegen fast ein Denkmal. Zweifellos ein Kerl, der Haare auf den Zähnen hatte, eine historische Gestalt, von der man, jetzt mit Ranke, wissen möchte, »wie sie eigentlich gewesen« ist. Wie ist er zu seinem Beinamen gekommen? Welch ein Charakter, was für Taten, was für ein Schicksal verbergen sich hinter diesem Etikett? Es ist immer wieder erstaunlich, wie selten sich die Geschichtsschreiber darauf einlassen, ihren Lesern eine Erklärung zur Entstehung, zur Geschichte und zur Berechtigung der Beinamen zu geben. Sie nennen mit der größten Selbstverständlichkeit die überkommenen wunderlichen, kriminellen oder rätselhaften Beinamen, berichten mit dem abgeklärtesten Ernst von Heinrich Jasomirgott, von Karl dem Kahlen und Friedrich dem Gebissenen, ohne – wenigstens in einer Fußnote – auch nur einen Wink mitzuliefern, wie denn wohl dieser oder jener Beiname zustandegekommen ist und wie er zu seinem Träger gepaßt hat. Je häufiger sie von einem etikettierten Fürsten sprechen, desto beiläufiger, so scheint es, fließt ihnen auch die ungewöhnlichste Beifügung aus der Feder, desto mehr verbaut sich ihnen die natürliche, die naive Fragestellung: War denn nun Karl der Kahle wirklich kahl?

Natürlich findet sich in der unüberschaubar umfangreichen mediävistischen Spezialliteratur hier und da ein Aufsatz, eine Passage zur Geschichte einzelner Beinamen: Man ist mit gelehrter Akribie etwa der Frage nachgegangen, welcher Chronist mit welchem Motiv denn zuerst von *Karolus Martellus* (»dem Hammer«) gesprochen hat. Man hat sehr gründlich nachgewiesen, seit wann und aus welchem Grunde der Sachsenherzog Heinrich als »der Löwe« zu Buche steht ... Aber das sind weit entlegene Forschungsberichte, von Gelehrten für Gelehrte verfaßt, Schriften, die in Bibliotheken dauerhafter ruhen als Barbarossa im Kyffhäuser.

Die Geschichtsbücher aber, die benutzt werden, die Handbücher, die Standardwerke, die großen Überblicksdarstellungen – sie alle drücken sich in der Regel an einer Erklärung für die Beinamen vorbei.

Diese Ignoranz führt dazu, daß auch nachweislich unberechtigte Beinamen von Buch zu Buch, von Jahrzehnt zu Jahrzehnt weiterkolportiert werden. Hier und da hat zwar gelegentlich ein Historiker gegen den »Beinamenkram« aufgemuckt, häufiger aber ist eine Abart von Farbenblindheit:

Auch ein merkwürdiger Beiname stellt sich in der Zunft meist so grau und normal dar wie eine Ordnungszahl.

Gewiß, viele Beinamen scheinen für sich zu sprechen: Wenn da zum Beispiel ein Fürst »der Einäugige« benannt ist, dann stellt man sich unter bedenkenlosem Verzicht auf eine Quellenexegese vor, daß dieser Herr einst sein zweites Auge eingebüßt hat. Auch bei den zahlreichen »Bärtigen« unter den Beinamenträgern ist die Folgerung, daß sie einen Bart gehabt haben, sicherlich nicht zu kühn. So weit, so gut. Weshalb man aber – zum Beispiel – unter den nicht wenigen Balduinen von Flandern ausgerechnet Graf Balduin den Vierten »den Bärtigen« genannt hat, das zu klären kann schon wieder eine knifflige Sache sein. Hatten die übrigen Grafen, hatten die anderen Balduine keine Bärte? Hatte Balduin der Vierte einen besonders schönen, schwarzen, roten, langen oder gekräuselten Bart? War er vielleicht ein modebewußter Herr, der nach einer Ära des Rasiermessers als erster dem Dernier cri aus Paris folgte: Man trägt wieder Bart? Oder hat er sich vielleicht einer gegenläufigen Modeströmung als ein Konservativer entgegengestellt, der die »schmähliche Sitte französischer Unsittlichkeiten, das Scheren des Bartes« (so das Votum eines mittelalterlichen Abtes), nicht mitmachte? – Man sieht, sogar ein so häufiger und scheinbar eindeutiger Beiname kann kulturgeschichtlich sehr verschieden bedingt sein.

Wieviel komplizierter muß es (oder kann es) da erst sein, Beinamen wie zum Beispiel »der Greiner«, »der Freidige«, »Jasomirgott«, »der Einfältige«, »die Maultasche«, »der Schreckliche«, »der Kneißel«, »Klaftergriff«, »Atterdag«, auch »der Friedfertige« und »der Fromme« zu ergründen! – Ein Fürst, der sich als geschickter Taktiker mit dem Klerus gutstellte, konnte leicht als kirchenfreundlich und damit als »der Fromme« gelten. Tatsächlich hat es unter den »Frommen« ein paar üble Opportunisten gegeben. Mit den »Friedfertigen« und »Sanftmütigen« wird es sich hier und da ähnlich verhalten: Der in seinem Habitus Friedfertige steht neben dem intriganten Heuchler, der nur den unverhüllten Friedensbruch scheut; das Lamm neben dem Wolf im Lammfell. Und kann sich hinter einem »Einfältigen« nicht ebenso ein schlichter, gerader Mann wie ein regelrechter Trottel verbergen, hinter dem »Schrecklichen«, dem »Grausamen« nicht gleichermaßen ein Fürst der gnadenlosen

Staatsräson wie ein blutrünstiger Sadist? Wie verhält es sich mit der Bedeutung des Verbs »greinen« und des Adjektivs »freidig« im späten Mittelalter – und was in aller Welt ist ein »Kneißel«?

Häufig trügen die Beinamen: Zu den krassen Fällen in der Schar der einseitig euphemistisch oder gar widersinnig benannten Fürsten gehört beispielsweise König Johann »der Gute« von Frankreich. Diesem Fürsten haben beflissene Chronisten ein paar wirre Ideen von Ritterehre und seifenblasige Kreuzzugsträume zu*gute*gehalten, obwohl Johanns nachweisliche Unfähigkeit und Verbohrtheit, seine sehr unrühmlichen Bluttaten weit eher einen rundherum negativen Beinamen verlangt hätten. Der Kandidat also, der im Examen mangels eigentlicher Kenntnisse eine ungefähre Charakteristik Johanns des Guten von seinem Beinamen herleiten würde, läge absolut falsch. Die Beinamen schillern mitunter, sind oft nur mit Vorsicht zu genießen. Ebensooft aber registrieren sie freilich ganz vordergründig die äußerliche Eigenart eines Fürsten, und nicht selten auch spiegeln sie – das sind die dankbarsten Sujets – ein ganzes Schicksal, berühren sie sich mit dem Plautus-Büchmann-Wort: »Nomen atque omen«. Hinter so manchem Beinamen steckt eine balladeske Geschichte oder sogar eine tragische Biographie.

Die Beinamen – vorübergehend nun in philologisch-namenkundlicher Sicht, wobei wir Adolf Bachs ›Deutscher Namenkunde‹ folgen – dienen zunächst der Differenzierung, der besseren Unterscheidung zwischen diesem, jenem und einem dritten Karl. Aus Beinamen, die im nicht-fürstlichen Bereich sowohl Herkunft und Wohnstätte als auch Beruf und besondere Eigenschaften eines Menschen bezeichnen können, sind häufig Familiennamen entstanden. Aus »dem schwarzen Johann« und »Johann dem Schwarzen« werden »Johann Schwarzer« und »Hänschen Schwarz«. Oft aber bleiben die Beinamen – so wie es bei den fürstlichen Familien der Fall ist – mehr oder weniger zufällige und ganz individuelle Übernamen, Zusatznamen, Rufnamen, Ehrennamen, nicht zuletzt auch Spitz- und Spottnamen. Bei den Römern trat zu den Vornamen, den Geschlechts- und Familiennamen mitunter der persönliche Beiname, das *cognomen ex virtute:* Publius Cornelius Scipio zum Beispiel führte nach seinem afrikanischen Sieg über Hannibal das Cognomen »Africanus«, während später der degenerierte Kaiser

Gaius Iulius Caesar »Caligula« (»das Stiefelchen«) zwar nicht ehrenvoll, so doch viel harmloser benannt war, als es seinem tückischen Wesen angemessen scheint.

Im 7. Jahrhundert, als längst Germanen in die römischen Stiefelstapfen getreten waren, begegnen wir in den spärlichen Quellen einem – wahrscheinlich metfreudigen – Westgoten namens Petrus »Wamba« (»der Bauch«, »die Wampe«), und immer häufiger beobachten wir dann in den folgenden Jahrhunderten das Phänomen des fürstlichen Beinamens, um den es uns in diesem Buch geht. Lange bevor – etwa im 14. Jahrhundert – Familiennamen in größerem Umfang neben den Rufnamen treten, blüht der Trieb, Beinamen zu bilden: Bedürfnis der Unterscheidung, der besseren Identifizierung, der Spottlust, der Reverenz, der Diffamierung. Körperliche Eigenheiten (»der Höckrige«), charakterliche Merkmale (»der Kühne«), intellektuelle Fähigkeiten oder Mängel (»der Weise«, »der Einfältige«) müssen ebenso zur Beinamengebung herhalten wie bestimmte auffallende Gepflogenheiten (»Jasomirgott«), hervorstechende Taten oder Untaten (»der Eroberer«, »Blutaxt«), markante Episoden aus dem Leben des Beinamenträgers (»mit dem Pfeil«, »der Gebissene«) und politische oder wirtschaftliche Konstellationen, denen ein Fürst ausgeliefert ist (»ohne Land«, »mit der leeren Tasche«): eine bunte Palette.

Weniger originell natürlich sind äußerlich ordnende Zusatzbenennungen wie »der Jüngere«, »der Ältere«, »der Bayer«, »der Brandenburger«. Sie sollen in unserer Darstellung als unergiebig ebenso außer Betracht bleiben wie die keineswegs seltenen Beinamen bei mittelalterlichen Kirchenmännern (Beda der Ehrwürdige) und Poeten (Heinrich der Glîchezaere, »der Gleisner«) und die häufig genug ohnehin fragwürdige Benennung »der Große«. Schließlich wollen wir hier nicht die so heikle historische Größe abwägen. Auch Zusatznamen à la »Sonnenkönig« (den man Ludwig dem Vierzehnten gegeben hat, als er einst eigenfüßig in einem Ballett »Roi soleil« auftrat) und »Marschall Vorwärts« (wie man den alten Haudegen Blücher nannte) bleiben hier ausgeklammert. Sie werden ja alternativ gebraucht, gehören also nicht unmittelbar zum Namen.

Wir müssen noch einmal philologisch werden: Die Beinamen sind – das haben die vielen angeführten Beispiele schon verdeutlicht – von unterschiedlicher Struktur. Sie entstehen als präpositionelle Beifügungen – zum Beispiel Konrad an der Bach – und präsentieren sich als Appositionen ohne Artikel (Konrad Bacher) oder mit Artikel (Konrad der Bacher, Konrad der Bachmann). Während das ohne Artikel angefügte Eigenschaftswort hinter dem Rufnamen am deutlichsten den Weg zum Familiennamen weist, ist es vor allem die Apposition mit Artikel, die uns als fürstlicher Beiname entgegentritt. Lediglich im Bereich der nordischen Geschichte erscheint ebenso häufig die knappere, balladesk wirkende Zusatzbenennung ohne Artikel: Harald »Schönhaar«, Eirik »Blutaxt«, Sven »Gabelbart«, Waldemar »Atterdag«, Harald »Blauzahn«, Sigurd »Jorsalfarer« und so weiter.

Sigurd Jorsalfarer (Jórsalafari) ist das Stichwort für einen kleinen Exkurs: Einige Beinamen bleiben allein durch ihr Vorkommen in literarischen Werken, in Titeln, quasi abstrakt geläufig. Dem Musikfreund zum Beispiel ist der Name Sigurd Jorsalfarer als Titel einer Tondichtung von Edvard Grieg vertraut. Wer aber weiß, daß dieser Sigurd ein norwegischer König des 12. Jahrhunderts gewesen ist, dem man nach einem Kreuzzug den Beinamen »Jerusalemfahrer« (Jorsalfarer) gegeben hat?

Der Ehrgeiz, quasi lexikalisch bei einer möglichst großen Anzahl fürstlicher Beinamen die exakte Entstehungsgeschichte zu verfolgen und schließlich den jeweiligen Chronisten quellenkriminalistisch dingfest zu machen, der als erster den Beinamen nennt oder seine Geburt beschreibt – der Ehrgeiz liegt uns fern; fern besonders im Interesse des Lesers, mit dem wir nicht ein historisch-philologisches Privatissimum durchexerzieren wollen. Wie könnte man auch das hundertfache Versäumnis der Geschichtsschreiber, die uns selbst die abstrusen Beinamen unkommentiert vorsetzen, in *einem* Buch kompensieren? Eine eigene *Bibliotheca agnominum* mit verzweigten und detaillierten Forschungsberichten müßte als Ergebnis eines solchen Ehrgeizes wie ein Hefeteig anschwellen. Wir machen es uns und dem Leser bequemer, indem wir die sehr gelehrten Dinge im Interesse der unterhaltsameren zurückdrängen, indem wir das Histörchen gegenüber der Historie immer dort privilegieren, wo es sich freundlich anbietet. »Wenige Fürstenbeinamen«, so schreibt der Historiker Sigmund Riezler, »blieben übrig, wollte man alle verwerfen, die sich nicht bei Zeitgenossen nachweisen lassen« – das heißt, auch die Zukunft gebrauchte Beinamen, die oft erst Jahrzehnte, ja sogar Jahrhunderte nach dem Tod des betreffenden Fürsten üblich geworden sind. Wir haben das Kolportieren der Cognomina von Buch zu Buch ja schon erwähnt.

Immerhin können wir auf den folgenden Seiten auch eine kleine Galerie von Beinamen präsentieren und kommentieren, die eindeutig »zeitgenössisch« sind, die auch der *strenge* Mediävist ohne innere Skrupel beglaubigt und verwendet. Die anderen aber, die erst postum zu ihrer Apposition gekommen sind, stehen unserem Herzen nicht weniger nahe. Sie verlocken sogar im besonderen Maße, wenn der Beiname Kristallisation einer ergiebigen Story ist. Denn es soll ja kein Buch für Historische Seminare sein, was wir hier vorlegen; weniger ein Geschichtsbuch als ein Buch mit Geschichten, die manchmal nur ungefähr wahr sind.

Daß die Historiker seit Ranke zum Verzicht auf solche farbigen Geschichten und zur Askese verpflichtet sind – das gerade macht ja ihren Beruf so undankbar. Phantasievolle oder ideologisch befangene Geschichtsschreiber freilich kompensieren diesen Verzicht durch die Entwicklung kühner Theorien und Geschichtsumdeutungen – ein Umstand, den wir hier als Alibi benutzen wollen, wenn wir bei der Erklärung eines Beinamens die hübsche Variante vor der bläßlichen favorisieren; wenn wir uns zum Unterhaltungswert der Geschichte bekennen.

Uns geht es also vor allem darum, ein bißchen hinter einige besonders originelle und besonders gängige Beinamen zu leuchten, uns die Fürsten anzuschauen, denen man diesen Stempel aufgedrückt hat. Was für ein Kerl steckt dahinter? Was für ein Schicksal spiegelt sich in diesem Beinamen? Wie fies war Albrecht der Unartige, wie enthaltsam Alfons der Keusche, wie phlegmatisch Otto der Faule? Und hat Heinrich der Vogler wahrhaftig Vögeln nachgestellt?

Es liegt uns mithin keineswegs daran, Beinamen grundsätzlich zu zerpflücken und forciert nachzuweisen, wie oft sie unberechtigt sind. Im Gegenteil, wir freuen uns, wenn uns hier und da eine Vita entgegentritt, deren Essenz den Beinamen bestätigt: Wir erweisen mit Vergnügen unsere Reverenz dem *Impetus anecdoticus,* dem kräftigen Funken Poesie in der Geschichte, dem wir die Beinamen verdanken. Kein besserer Anwalt dafür als Theodor Fontane: In seinem Gedicht ›Nordische Königsnamen‹ setzt er sich mit den

»hochgelahrten« Puristen auseinander, die die Beinamen in
Acht und Bann tun wollen:

> ... So die Hochgelahrten, die Weisen und Alten.
> Ich kann es für so schlimm nicht halten,
> Geschicht' und Dichtkunst sind zweierlei Zünfte,
> Mir gefällt nicht der ›Erste‹, der ›Dritte‹, der ›Fünfte‹,
> Zahlen und wieder Zahlen bloß,
> Scheinen mir tot und charakterlos.
> Ragnar Pechhos' und Iwan Klaftergriff,
> Haben schon andern Schneid und Schliff.
> Harald Blauzahn und Rolf Krake der Zwerg,
> Helfen schon anders über den Berg,
> Swend Gabel- und Hakon Borkenbart,
> Das sind Namen nach meiner Art ...

Wir haben einige hundert Beinamen zusammengetragen,
Friedriche, Heinriche, Johanns und Karls in stattlicher Zahl;
Franken und Deutsche zumeist, denn vor allem in Mitteleu-
ropa – von den Karolingern bis zu den Wittelsbachern, Wet-
tinern und Hohenzollern – strotzen die genealogischen Ta-
feln nur so von Beinamen. Aber auch in die Runde geht der
Blick, nach England, nach Polen und Rußland, nach Spanien
und natürlich nach dem Norden. Das frühe und hohe Mittelalter ist die »klassische« Zeit der Beinamen, doch sind
auch spätere Jahrhunderte noch »fündig«. Erst im 19. Jahrhundert verliert sich die Beinamentradition fast ganz.

In unserer Zeit greift die politische Polemik hier und da
auf sie zurück: So ist der erste Weimarer Reichspräsident
Friedrich Ebert – reaktionär, aber witzig – als »Friedrich der
Vorläufige« bespöttelt worden.

Nur eine Auswahl von rund achtzig Beinamenfürsten, ein
kleiner Teil der Garde, die im Anhang zu einer Art Beinamenbrevier zusammengefaßt ist, kann einzeln im Text vor-
geführt und halbwegs eingehend beschrieben werden. Es
sind nicht immer nur die prominenten Herren, es sind auch
ein paar Landgrafen, also regionale Größen, unter den Beinamenträgern, die wir behandeln; nicht zuletzt drei fürstli-
che Damen. Doch über »Schall und Rauch« erheben sich
Gestalten auch aus der zweiten historischen Reihe: Ihre Beinamen haben ihnen »einen Namen gemacht«.

Schwertzeit, Beilzeit
Harald Schönhaar und Eirik Blutaxt

> Brüder kämpfen
> Und bringen sich Tod,
> Brüdersöhne brechen die Sippe;
> Arg ist die Welt,
> Ehbruch furchtbar,
> Schwertzeit, Beilzeit ...

So kündet die altgermanische ›Föluspá‹-Dichtung: Ja, es war eine turbulente Zeit im vorchristlichen Norwegen. Die Skalden stabreimten die düstere Mär von kollernden Köpfen, berstenden Bäuchen, blutigen Beilen und schwitzenden Schwertern. Spitze Speere schlitzten schlafende Schotten, und wilde Wikinger windeten westwärts zu ruhmreichen Raubzügen. Thor thronte und tobte, und die Nornen normierten das Schicksal redlicher Recken: Schwertzeit, Beilzeit. Ein zivilisatorisches Modell bot Norwegen damals kaum.

Ein Heros vor anderen Beilzeithelden war es, von dem die Skalden – darunter einer mit dem lustigen Beinamen »Grützen-Halli« – deklamierten: König Harald Schönhaar, Ururenkel Halvdan Weißbeins, Urenkel Halvdans des Freigebigen, Enkel Gudrod Jagdkönigs und Sohn Halvdans des Schwarzen. Haralds Großmutter Asa hatte ihren Gatten, den »Jagdkönig«, dem Gesetz der Sippe folgend, ermorden lassen, weil der ihren Vater Harald Rotlipp auf dem Gewissen hatte: Als nämlich Gudrod Harald Rotlipps Tochter raubte, wurde der widerstrebende Brautvater kurzerhand für Walhall, das jenseitige Asyl der Helden, bestimmt ... Und Harald Schönhaars Vater Halvdan der Schwarze (»mit dem schwarzen Haar«) wiederum scheint seinen Bruder Olav den todbringenden Nornen aufgedrängt zu haben. Der Sproß dieser bemerkenswerten Sippe, Harald der Erste Schönhaar, war fast noch ein Kind, ein – wir können's nicht lassen – knospender Knabe, als er um 860 das väterliche Erbe antrat. Ungewöhnlich und ungermanisch früh aber wurde Jung Harald vom Verlangen gepackt, und so warb er stürmisch um Gyda, die schöne Tochter des Nachbarkönigs Eirik von Hardangen. Die Skalden berichten, daß die stolze Prinzessin Haralds Werbern solchermaßen Bescheid getan habe: »Herrn Haralds Herrin kann ich erst werden, wenn zum Herrn des ganzen Nordlands, wenn zum allseits gekürten König er sich gemacht.«

Diese Antwort ist, glauben wir den Skalden, der Impuls für die erste Einigung des beilzeitlichen Norwegens gewesen: Harald gelobte bei Thor und Odin, nicht eher zum Barbier zu gehen, als bis ihm das ganze Norwegen untertan sei. Mit seinen Haaren wuchs fortan seine Macht, er unterwarf Gau um Gau, und mit malerisch flatternden Locken segelte er schließlich in die entscheidende Seeschlacht im Hafrsfjord. Die feindlichen Wikinger, die ihn bis dahin als Harald »Strubbelkopf« verspottet hatten, mußten – soweit nicht zu den Göttern versammelt – ihr Urteil über Haralds Mähne revidieren: Harald »Schönhaar« (Hárfagrí) nannten auch sie nach dem Gefecht den König, der sich mit diesem Sieg zum Alleinherrscher des Nordens aufgeschwungen hatte. Die Bedingung der Prinzessin war erfüllt. Harald trat mit Gyda vor den Standesbeamten seines Things, und die Göttin Freya (in deren Ressort Liebe und Ehe fielen) lächelte huldvoll durch die nordisch-graue Wolkendecke.

Aber sie lächelte nicht lange. Sollte nämlich das jahrelange Ringen um Norwegens Unterwerfung tatsächlich allein dem Jawort der hochmütigen Prinzessin gegolten haben, so hätte sich der Aufwand für Harald kaum gelohnt: Gyda blieb nur eine Episode im prallen Liebesleben des lendenstarken Königs, dessen männliche Schönheit – zweifellos durch sein Schönhaar entscheidend betont – in den folgenden Jahrzehnten Dutzende von Mädchen und Frauen auf sein Bärenfelllager lockte. Zeitweilig hat er sogar einen Harem orientalischen Zuschnitts unterhalten, in dem als Lieblingsfrauen das schöne Lappenmädchen Snofrid und die jütländische Prinzessin Ragnhild residierten. Snofrid allein gebar ihm – vorsichtig geschätzt – vier oder fünf Söhne, und als ihn die große Liebe zu Ragnhild überwältigte, reduzierte er ihr zuliebe seinen Harem: Neun Frauen, zweifellos allesamt auch Mütter seiner Kinder, wurden verstoßen. Harald Schönhaars Liebes- und Zeugungsintensität ist freilich kein Indiz dafür, daß in Norwegen nun »Winterstürme dem Wonnemond«, daß die Beilzeit einer Lustzeit gewichen sei. Weiterhin wikingten stramme Streiter, Haralds Flotte reihte Eroberung an Eroberung, und innenpolitische Rangeleien waren an der Tagesordnung. Ob es die unter seiner Herrschaft einsetzende Auswanderungswelle gewesen ist, was den König so vaterschaftsfreudig machte?

Aber es waren nicht Haralds Gegner, auch nicht die Flut der Emigranten, die den von ihm geschaffenen Einheitsstaat zu Fall brachten: Haralds Lenden bargen den Keim der Zersetzung. Sein Erfolg bei Frauen, seine Schönheit, letztlich also sein Schönhaar bewirkten paradoxerweise den Zerfall des Reiches: »Als König Harald Schönhaar fünfzig Jahre alt war«, erzählt Snorri Sturluson, »waren viele seiner Söhne erwachsen ... Viele von ihnen hausten sehr gewalttätig im Lande und waren selbst uneins.« Etwa anderthalb Dutzend Prinzen, überreiche Ernte des königlichen Liebeslebens, hatten legitimen Anspruch auf königliche Erbschaft, und als Harald Schönhaar im Jahre 933 – hoch in den Achtzigern – von den Nornen abberufen wurde, gab es in Norwegen nicht mehr *einen* König, sondern eine Inflation von Königen. Kann es eine zwingendere Schlußfolgerung geben als die Feststellung, daß König Haralds Schönhaar – die blondflatternde Mähne des Jünglings wie das schulterlange Weißhaar des immer noch aktiven Greises – Norwegens Schicksal im Guten wie im Bösen gewesen ist?

Was half es, daß Haralds Lieblingserbe Eirik, ein Sohn der Ragnhild und seit 930 Mitregent des Vaters, die Schar der Prinzen, Prätendenten, Brüder und Halbbrüder mit seiner Streitaxt nach Kräften lichtete? Es gelang Eirik lediglich, einige der brüderlichen Schädel zu spalten, und sein so gewonnener Beiname »Blutaxt« spiegelt bei allem verdienten Ruhm doch nur einen ungenügenden Teilerfolg. Ausgerechnet der jüngste Prinz Hakon, von Harald im hohen Alter mit der »Königsmagd« Thora gezeugt, machte dem Axtschwinger Eirik das väterliche Erbe mit Nachdruck und Erfolg streitig. Auch er, obwohl in England und christlich erzogen, konnte mit Beilen und Schwertern umgehen, und die biblische Geschichte von Kain und Abel scheint ihn entweder nicht oder sinnwidrig beeindruckt zu haben: Auf einer Heerfahrt im Jahre 954, im Kampf gegen die Hakonsche Partei, traf Eirik Blutaxt selbst der Fluch der bösen Axt.

Schwertzeit, Beilzeit. Aus Walhall blickte König Harald herunter und schüttelte sein schönes Haar.

Hammer und Michel
Karl Martell (der Hammer)

»Du bist mein Hammer, meine Kriegswaffe; durch dich zerschmettere ich die Heiden und zerstöre die Königreiche; durch dich zerschmettere ich Rosse und Reiter und zerschmettere Wagen und Fuhrmänner ... Männer und Weiber« – so tönt es bei Jeremias in der Bibel. »Einem Hammer gleich«, so echot es in der älteren deutschen Geschichtsschreibung, »zermalmte Karl die andringenden Muselmänner«, mit »wuchtigen Schlägen schmetterte er die Reichsfeinde nieder«, und er erwies sich so – dies nun nach Felix Dahn – als ein »wundersamer Mann«, der zwar »nur durch Taten zu uns spricht, aber durch weltgeschichtliche, durch Heldentaten«.

Männer seines Schlages, ganze »Kerle« oder »Karle« wie Karl Martell, sind von deutschen Kathedern herab lange mit gehobener Stimme behandelt worden, und selbst dem Absolventen einer wilhelminischen Realschule durfte man zutrauen, daß er den ersten großen Karolinger bei einer völkisch-historischen Stammtischdebatte parat hatte: Herrscher, die wie Hämmer sind, hatten damals noch Konjunktur.

Obwohl nun Karl Martell, der »Hausmeier« und De-facto-König des fränkischen Reiches von 714 bis 741, der Großvater Karls des Großen und Vater Pippins des Kleinen, keineswegs schon als eine Gestalt der *deutschen* Historie gelten kann, erscheint sein Name mit dem klangvollen Beinamen doch in nahezu jeder altväterischen ›Deutschen Geschichte‹ als erster kräftiger Akkord des Vorspiels zur Geschichte des Reiches. »Wenn Gallien und Germanien nicht der ertötenden Umarmung des Islam erlag«, rühmt Germanen-Vater Dahn, »so ist das dem Manne zu danken, der ›Karl der Hammer‹ heißt, aber ›Karl der Retter‹ heißen dürfte.« Daß also Gallier wie Germanen links und rechts des Rheins bis heute – ohne Rücksicht auf den muselmanischen Allah – Schweinefleisch konsumieren durften, das danken sie, das danken wir alle dem Hammer, der im Jahre 732 die von Spanien herandrängenden Araber bei Poitiers »zerschmetterte«. »375 000 lagen erschlagen auf der Walstatt«, so liest man in älteren Geschichtsbüchern – eine Zahl, die selbst Felix Dahn bezweifelt und von der man getrost zwei Nullen abstreichen kann: Die Schlacht von Poitiers südlich der Loire ist nämlich keine gigantische Völkerschlacht, sondern lediglich ein Gefecht gewesen, von dem sich die Araber entmutigt zurückgezogen haben. Die weltgeschichtliche Zermalmung fand nicht statt. Daß freilich Poitiers dem Hausmeier Karl und seinem Frankenheer viel Ehre macht und daß die christliche Welt Grund hatte, die Entschiedenheit seines Eingreifens, die Wucht seiner militärischen Attacken mit Hammerschlägen zu vergleichen, wird bis heute nicht bestritten. Zu putzen sind eben nur die allzu abendländisch geschliffenen Chronistenbrillen.

An zwingenden Anlässen, Schläge auszuteilen, hat es dem von einem »Kebsweib« geborenen Sohn Pippins des Mittleren von klein auf nicht gemangelt: Durch seinen Vater von der Nachfolge ausgeschlossen und von seiner märchenhaft bösen Stiefmutter als Jüngling zu Köln in Haft gehalten, ist Karl gezwungen, zunächst im engeren Familienkreis um sich zu schlagen. Mithin gleichsam im »infight« trainiert, macht er sich später daran, zahlreiche Lokalgrößen des Frankenreichs und nicht zuletzt die nominell noch immer regierende Merowingersippe zu bändigen. Und schließlich zielen Karls Schläge nach außen, sie treffen Sachsen, Bayern, Friesen – und wo sich's, angesichts der prekären Verkehrsverhältnisse, nicht zügig genug treffen läßt, da sekundieren seinem gewandten Arm die zungengewandten Missionare, unter ihnen der berühmte Eichenfäller Bonifatius.

Das kraftvolle Zusammenschweißen des französisch-westdeutschen, des fränkischen Reiches, erst in zweiter Linie die später in biblisch-abendländischer Vision überschätzte Schlacht von Poitiers, mehr die Niederwerfung der getauften Konkurrenten als die Bewältigung der ungetauften Muselmanen, hat schon die staunenden Chronisten des 9. Jahrhunderts veranlaßt, Karl die Beinamen »Martellus« oder »Tudites« zu verleihen. *Martiolus* ist der »kleine Hammer«, *tudere* oder *tundere* bedeuten »stoßen, zerstampfen«. Felix Dahn folgend aber dürfen wir uns bedenkenlos von diesen zwar eingebürgerten, doch undeutschen Benennungen lösen und aus der Existenz *zweier* lateinisch-romanischer Versionen des Beinamens (Martell und Tudites) philologisch folgern, daß beide Formen nur die Übersetzung der »ursprünglich natürlich deutsch« gegebenen Beinamenfassung »der Hammer« sind. Nicht auszuschließen, daß es so gewesen ist.

Dem nächsten Kapitel bereiten wir schon den Boden, wenn wir noch auf Karls des Hammers außerkriegerische, offenbar nicht minder drängende Kraft zu sprechen kommen: Der 689 geborene Karl heiratete wahrscheinlich bereits im Jahre 706, also etwa siebzehnjährig. Jedenfalls wird sein Ältester, Karlmann, bereits um 707 geboren. Den späteren Erben des mit Hammerschlägen geschmiedeten Frankenreiches der Karolinger, Klein Pippin, zeugt Karl der Hammer freilich erst als Mittzwanziger mit einem Weibe, das – wahrscheinlich – Chrotrud geheißen hat. Man sieht, die Quellen zum Privatleben des starken Mannes fließen dürftig. Sie lassen jedoch immerhin erkennen, daß Karls des Großen Großmutter nicht an der Seite des Großvaters ergraut ist. Karl der Hammer ist nie lange ledig geblieben.

Zusammenfassend läßt sich – wenn auch nicht ganz ohne Retuschen – das glitzernde Lesebuchbild eines Recken bestätigen, der nach herzhaftem Geschmack »nicht Amboß, sondern Hammer« war; ein Hammer, in dessen Besitz wir Deutschen uns freilich mit den Franzosen für alle Zeiten teilen müssen. Gallier oder Kölner – dem Ruhm des Hammers Karl jedenfalls kann man auch für das zweite Jahrtausend seiner Geschichtsbuchexistenz mehr Bestand prophezeien als der – schon immer äußerst gemischten – Wertschätzung, die sein sowjetischer Beinamensbruder Wjatscheslaw M. Skrjabin, genannt »Molotow« (der Hammer), im westlichen wie im östlichen Abendland genießt.

Die pippinische Zeugung
Pippin der Kleine

Karls des Hammers Sohn und Nachfolger Pippin hat mit energischen, aber – wenn wir uns an seinen Beinamen halten – kurzen Schritten den Weg des Vaters fortgesetzt: Kurzbeinig trippelnd ist er zum Thron des Frankenreiches gelangt. Erstaunlicherweise aber erscheint gerade dieser Frankenherrscher mit dem diminutiven Attribut in der frühmittelalterlichen Geschichtsschreibung als ein seltener Kraftprotz. Mehr noch als sein Vater, der Hammer, wird Pippin der Kleine als muskelbepackter Krieger und Jäger gerühmt. »Bei einer Thierhetze«, so lesen wir in der biedermeierlichen ›Weltgeschichte‹ des Karl Friedrich Becker, »hieb er einmal einem Löwen, der einen Büffel gepackt hatte, mit einem so gewaltigen Hiebe den Kopf ab, daß das Schwert noch tief in den Nacken des Büffels fuhr.« Eine Story, die auf die Phantasie karolingischer Mönche zurückgeht und bis in unser Jahrhundert hinein auch in ernstgemeinten Geschichtswerken kolportiert wird. In welchem Märchenwald des Frankenreiches der starke Jägersmann Löwe und Büffel zugleich aufgetrieben oder ob er gar – nach moderner Politikerart – eine afrikanische Safari unternommen hat, das bleibt sowohl bei Becker als auch in der monumentalen ›Deutschen Geschichte‹ eines Herrn Stacke (1896) der Einbildungskraft des Lesers überlassen. Das ursprünglich klösterliche Jägerlatein wird jedenfalls ganz unbefangen als Beweis dafür herangezogen, daß Pippin »trotz seines kleinen Wuchses eine ungemeine Körperstärke« besessen habe (Stacke). »*Trotz* seines kleinen Wuchses«: der gängige Beiname reimt sich nicht ganz rein auf die alten Berichte von Pippins besonderer Stärke, in denen immerhin – denn die Löwen-Büffel-Geschichte steht nicht allein – ein ernstzunehmender Kern stecken mag. Warum sollte schließlich der Sohn vom starken Vater wenn schon nicht die Statur, so doch die Muskulatur geerbt haben?

Obwohl nun damals, vor zwölfhundert Jahren, ein Herrscher seinem Volke und den Schreibkundigen, die seine Taten schnörkelreich notierten, nicht zuletzt durch militärischsportliche Fitness zu imponieren hatte, ging sein politischer Erfolg natürlich erst in zweiter Linie von der Schwellkraft seiner Armmuskeln aus: Pippin der Kleine ist zweifellos auch – denn auf diesem Sektor kann sich das Historikerurteil an Greifbarem orientieren – ein fähiger Kopf, ja sogar ein Fuchs gewesen. Seine kurzen Schritte in Richtung Thron hätten nicht zielstrebiger, nicht klüger abgemessen sein können. Wenngleich wie sein Vater längst im Besitz der Macht, griff er nicht brutal nach der Merowingerkrone, brachte er sich nicht in den Geruch eines rücksichtslosen Usurpators. Vielmehr sicherte er sich die kirchlich-göttliche Weihe und das »Königsheil« durch die vielzitierte Suggestivfrage an den Papst: wer denn »des königlichen Namens und Throns würdiger sei, der, welcher sorglos daheim sitze, oder der, welcher die ganze Sorge und Last des Reiches habe«? Erst als der Papst die beabsichtigte Antwort gegeben hatte, wurde dem letzten Merowingerkönig Childerich ein mönchischer Kahlschnitt und das Kloster verordnet. Pippin, der »kleine« Hausmeier, ließ sich im Jahre 751 von den Großen des Frankenreiches auf dem Schilde schwenken: Nun war er der Größte – ganz so, wie es ihm nach der Legende schon an der Wiege gesungen worden war.

Von Pippins des Kleinen historisch folgenreichster Tat aber erzählt eine andere alte, ebenso hübsche wie unoriginelle und natürlich unhistorische Überlieferung. Bei einer Jagd (deren Strecke diesmal nicht jägerlateinisch aufgebauscht ist) hat sich Pippin in die »düsteren Gründe« des Bayerischen Waldes verirrt, und als die Nacht hereinbricht, steigt er in einer entlegenen Mühle ab. Von der Jagd und vom bayerischen Bier erhitzt, beordert er eine hübsche Spinnerin aus dem Gesinde des Müllers auf sein Lager, und als sie ihm »beiliegt«, erkennt er sie an einem Ring: Die schlichte Spinnerin ist in Wahrheit Bertrada, die einst von Pippin umworbene bretonische Prinzessin! Ein böser Hofmarschall, seinerzeit als Brautwerber ausgesandt, hat sie aus egoistischen Motiven »unterschlagen« und in die bayerische Wildnis verbannt. Hier hat sie sich bisher als »Perchte die Spinnerin« durchgebracht. Die Wiedersehensfreude ist heftig: »Der edle Kunig Pipinus hat die Nacht mancherley zu kosen mit Perchten, seiner edlen Frauen.« Frucht des »mancherley« ist das Knäblein Karl, das sich später zu Karl dem Großen auswächst ...

Kaum weniger berühmt als diese pippinische Zeugung, bei der nur das Ergebnis stimmt, ist die »Pippinische Schenkung« an den Papst, bei der alles außer der Voraussetzung stimmt: Pippin, dem Papsttum seit dem erwähnten Votum verpflichtet, schenkte dem Papst die Gebiete um Rom, das »Patrimonium Petri«, wahrscheinlich mit arglosem Bezug auf die von der Kurie schamlos gefälschte ältere »Konstantinische Schenkung«. Entscheidende Dinge also sind von Pippin dem Kleinen ausgegangen, und so entspricht das Urteil der unkritisch-populären Geschichtsschreibung über den König stets auch dem Sinn des volkstümlichen Respektspruchs »Klein, aber oho«: ein Vorzeit-Napoleon, der tausend Jahre vor dem Korsen eine gallische Krone gewann und ein fränkisches Reich formte; ein erstaunliches kleines Energiebündel wie Bonaparte ...

Daß Napoleon körperlich klein gewesen ist, steht außer Zweifel, aber wie sieht es mit seinem karolingischen Vorläufer aus? War Pippin der Kleine nur »trotz seines kleinen Wuchses« stark und heldisch, ist er der Einsfünfundfünfzigmann gewesen, der über sich und sein Maß hinauswuchs? Klein oder nicht klein – das ist hier die Frage. Die Antwort ist für Generationen deutscher Geschichtsschreiber peinlich: Es gibt keinen verläßlichen Grund für die Annahme, daß Pippin der Kleine wirklich klein gewesen ist. Nur an einer Stelle eines einzigen frühmittelalterlichen Annalenwerkes wird König Pippin – sehr wahrscheinlich in Verwechslung mit seinem Großvater Pippin dem Mittleren, der als »kurz« geschildert wird – *Pippinus parvus*, der Kleine, genannt. Nur an einer Stelle! Nur von dieser einsamen und zweifelhaften Erwähnung unter den zahlreichen Passagen, die in den halbwegs gewichtigen Quellenwerken dem Vater Karls des Großen gewidmet sind, hat sich der Beiname »der Kleine« hergeleitet.

Es ist erstaunlich zu beobachten, wie begierig man später diesen vereinzelten – fast sicher irrtümlichen – Hinweis auf Pippins Körperlichkeit aufgreift, wie man ihn als bare Münze weiterreicht und ausspinnt und wie man phantasievoll die Kleinheit in ein für den Leser frappantes Obwohl-trotzdem-Verhältnis zu Pippins »ungemeiner Stärke« setzt. Sogar zu einem Kretin haben mittelalterliche Chronisten Pippin schließlich hinabstilisiert, indem sie ihn als *nanus* (Zwerg) vorführen. In neueren Geschichtsbüchern tritt der Erzeuger

Karls des Großen freilich auch als Pippin »der Jüngere« (in Relation zu seinen Ahnen Pippin dem Älteren und Pippin dem Mittleren) auf, und mit einem begreiflichen Empfinden der Dankbarkeit hat man ihn, der mit seiner Pippinischen Schenkung den Kirchenstaat ermöglichte, hier und da in kirchlich orientierter Historiographie auch *Pippinus pius*, den Frommen, genannt.

Woran aber mag es gelegen haben, daß man an Pippin »dem Kleinen« so beharrlich festhielt, daß man an einem Beinamen Freude fand, dessen Berechtigung seit langem schon mit gutem Grund bestritten wird? Ob dafür nicht wenigstens teilweise, neben bequemer Gedankenlosigkeit, das populäre Behagen an dem einprägsamen Gegensatzpaar Karl der Große – Pippin der Kleine verantwortlich ist – so wie es sich zum Beispiel in den unausrottbaren Schüler-Reimereien spiegelt?

Karl der Große
macht sich in die Hose,
Pippin der Kleine
macht sie wieder reine.

(Das »unausrottbar« läßt sich neuerdings leider kaum noch halten, seit die Befreiung des Geschichtsunterrichts vom Ballast dynastischer Namen oder Schlachtendaten Merkverse wie diesen oder etwa das berüchtigte »Drei-drei-drei, bei Issos Keilerei« ganz überflüssig gemacht hat. Abschied auch von unseren Beinamen? – Aber nein, schon springen die Comics mit »Hägar dem Schrecklichen« in die Bresche.)

Der Philanthrop im Bade
Ludwig der Fromme

Als Siebenjähriger war er noch putzig und erheiterte seinen Vater, den großen Karl, wenn er in Baskentracht, mit Bauschärmeln, Pluderhosen und Sporenstiefeln angetan, vor ihm erschien und mit kindlichem Eifer einen Minispeer schwenkte. Danach aber ist der weniger am Ausbau des Staates als an der Ausschmückung von Kirchen interessierte Prinz Ludwig dem Kaiser mehr und mehr auf die Nerven gegangen.

Welch ein Fatum, daß von den Söhnen Karls des Großen ausgerechnet *er* überlebte, daß das mächtige Reich 814 in die Hände eines Erben geriet, den die vom Vater gesammelten Heldenlieder »ekelten«; der schon am frühen Morgen auf den Knien in der Kirche herumrutschte, »die Stirn auf das Estrich gedrückt«, nicht selten unter Tränen; dessen erste Taten als Herrscher drastisch-puritanische Maßnahmen gegen das sinnenfrohe Leben seiner Residenz waren (wobei er besonders den »Wandel« seiner Schwestern im Auge hatte); der himmelwärts gerichteten Blickes über Theologie disputierte; der es besonders genoß, in der Badewanne sitzend alle zuvor abgelegten Kleider, Schnallen und Behänge gottgefällig an die Dienerschaft zu verschenken; der auch das Krongut verschleuderte und der sich – dies fast das Ärgste – als Pantoffelheld so sehr ans Gängelband seiner zweiten Gattin, der attraktiven und ehrgeizigen Kaiserin Judith, nehmen ließ, daß seine Söhne gegen ihn rebellierten, ihn demütigten, absetzten, inhaftierten, lächerlich machten ... Was war das für ein Kaiser, der sich – wie es in den Quellen heißt – von seiner Frau Hörner aufsetzen ließ und die »Buhlerin« dann doch wieder, ebenso wie von Fall zu Fall die aufrührerischen Söhne, »in gewohnter Milde«, meist unter Tränen der Rührung, gnädig aufnahm? Ein Kaiser, den die Söhne 833 »so lange peinigten, bis sie ihn dahin brachten, die Waffen abzulegen und seine Kleidung zu ändern«. Ein Kaiser, »den sie von der Schwelle der Kirche verstießen, so daß niemand mit ihm zu sprechen wagte ...« Und während das großmächtige Reich des Vaters zerbröckelt, während, wie ein Chronist meldet, die Residenz »zum Bordell wird, wo der Ehebruch herrscht und der Buhle (Graf Bernhard, Liebhaber der Kaiserin) regiert«, sieht Hludowicus Pius vor allem darauf, »daß kein Ärgernis in der heiligen Kirche entstände«, daß den Pfaffen und Bischöfen nichts abgehe.

Hludowicus Pius – Ludwig der Fromme, den man auch »den Segenspendenden«, in Italien sogar »den Heiligen« genannt hat und der bei den Franzosen *Louis le Débonnaire* (der Gutmütige) heißt, hat *einen* Beinamen, der ihm hier und da auch gegeben worden ist, leider nicht buchstäblich wahrgemacht: »der Mönch«. Als ihm sein Sohn Lothar 834 drastisch zusetzte, daß »er freiwillig die Welt verlasse und sich in ein Kloster begebe«, weigerte sich der Kaiser hartnäckig. Bei aller Frömmigkeit, bei aller Bigotterie war ihm die Vorstellung von einem Klosterleben doch in einem Punkte, in puncto puncti, unbehaglich: Denn »starke sinnliche Triebe lebten«, wie der Geschichtsschreiber Simson ermittelt hat, »in seinem Körper«.

Man würde den Kaiser mitsamt seinem Bade (das er übrigens unverhältnismäßig oft, nämlich jeden Samstag, bestieg) ausschütten, wollte man seinen Beinamen »der Fromme« für einen Euphemismus erklären und aus seinen Schwächen folgern, daß er richtiger Ludwig »der Schwächliche« hätte heißen müssen. Es besteht kein Anlaß, die Aufrichtigkeit seiner Religiosität anzuzweifeln – nicht einmal im Lichte jener Entscheidung, die sich nicht unterschlagen läßt:

Ludwig der Fromme hat im Jahre 818 die durchaus berechtigten politischen Forderungen seines – von Karl dem Großen sehr geschätzten – Neffen Bernhard, des Königs von Italien, mit gewaltigem Aufwand erstickt und dem begabten Aufrührer »so grausam die Augen ausreißen« lassen, daß der Geblendete bald darauf jammervoll starb. Ludwig der Fromme, *Louis le Débonnaire?* – Ja, trotzdem – denn er hat unter dieser, im Repertoire der Strafmaßnahmen seiner Zeit gar nicht ungewöhnlichen Tat offenkundig sehr gelitten: 822 erschien der Kaiser vor den zu Attigny versammelten Bischöfen des Reiches. Er trug ein zerschlissenes Büßergewand und klagte sich wegen seiner gegen Bernhard bewiesenen Herzenshärte ebenso theatralisch wie zerknirscht an. Doch, doch: der Beiname stimmt.

Apologie der Glatze
Karl der Kahle

Wenige Babys von Geblüt sind so unverzüglich und nachhaltig nach ihrem ersten Krähen – noch feucht und kahl – zum weltgeschichtlichen Politikum, zum Streitobjekt und Ärgernis geworden wie Prinz Karl, den Kaiser Ludwig der Fromme als Mittfünfziger mit seiner zweiten Frau – von beiden haben wir schon gehört – 822 gezeugt hat und den die schöne Judith im Juni 823 in Franconofurt am Moenus zur Welt brachte. Die ehrgeizige Kaiserin, von ihren bereits selbständig in Teilreichen regierenden Stiefsöhnen mißtrauisch beobachtet, erstrebte von Stund an eine besonders großzügige »Versorgung« des Nachkömmlings und drängte auf eine Neuaufteilung des Reiches, die dem Prinzen Karl einen besonders fetten Happen sichern sollte. Es fiel Judith nicht schwer, den lenkbaren Kaiser davon zu überzeugen, daß der kleine Karl nicht ohne Land, daß er nicht kahl bleiben dürfe: Ludwig der Fromme stieß seine früheren Anordnungen um und proklamierte 829 eine neue Reichsteilung ...

Daß ihm das die Erhebung der älteren Söhne und die beschämendsten Demütigungen eingebracht hat, wurde schon angedeutet. Auch Judith, der man nun Ehebruch und sündige Ausschweifungen vorwarf, büßte vorübergehend ihre Anmaßung: Stiefsohn Lothar trieb sie in die Verbannung und nahm ihr den Prinzen Karl weg, »was dem Vater«, wie die Reichsannalen melden, »besonderen Kummer bereitete«. Ob man nun den jetzt zehnjährigen Knaben Karl im Kloster Prüm, wo er in strengem Gewahrsam gehalten wurde, aus naheliegenden Gründen zum Mönch bestimmt und entsprechend kahlgeschoren hat, ist nicht mehr zu ermitteln. Zuzutrauen wäre es den Halbbrüdern gewesen. Indessen können wir es uns leisten, auf eine solche Hypothese zur Erklärung von Karls des Kahlen Beinamen zu verzichten. Gleichermaßen über Bord werfen dürfen wir die Prinz-ohne-Land-Theorie vom Baby, das nackt in eine schon ratzekahl aufgeteilte Welt geboren wird ...

Prinz Karl, den man später und schon zu Lebzeiten *Karolus calvus*, »den Kahlen«, nannte, hat nicht lange im Kloster

ausharren müssen, und er hat auch die Mißgunst der Halbbrüder, die ihm seinen Reichsteil nicht gönnen wollten,
schon frühzeitig überspielt: Achtzehnjährig hat er gemeinsam mit Bruder Ludwig dem Deutschen in der Schlacht von
Fontenoy den Bruder Lothar aufs Haupt geschlagen, und
zwanzigjährig ist ihm – im berühmten Vertrag von Verdun
843 – das ganze Westreich zugefallen. Erfolg um Erfolg –
obwohl er, wie ein kritischer Chronist berichtet, »alle seine
Lebtage, wo es immer not tat, den Gegnern die Stirne zu
bieten, entweder offen die Flucht zu ergreifen oder heimlich
seinen Truppen zu entschlüpfen pflegte«.

Während er also in einer Hinsicht, in seinem Streben nach
Pfründen, wahrhaftig nicht lange bloß und kahl geblieben
ist, während ihm sogar sein »begehrlicher« Eifer, seine intri-
genreiche und hinterhältige Besitzgier immer neue Reichs-
teile und schließlich auch die Kaiserkrone eingetragen haben, scheint sein Haupthaar (in umgekehrter Relation zum
Anwachsen seiner Besitztümer) bald ausgefallen zu sein.
Schon als Mann in den besten Jahren, so muß angenommen
werden, ist König Karl von Westfranken ein Kahlkopf gewesen. Glaubwürdige zeitgenössische Porträts fehlen leider
– wie durchweg in dieser Ära.

Obwohl bekannt ist, daß die fränkische Mode zeitweilig
einen halbgeschorenen Hinterkopf empfahl, galt damals wie
heute eine Vollglatze nicht eben als wünschenswertes Attribut einer männlich-herrscherlichen Erscheinung. Ja sie mußte – da sie auf den vom Denken weniger als heute strapazier-
ten Köpfen noch seltener war – wohl wie ein regelrechtes
Manko wirken. So scheint Karl, der mißtrauische und von
der Gunst des Schicksals sonst stets verwöhnte Kaiser, auf
Mittel und Wege gesonnen zu haben, das leicht despektierli-
che Bild zu korrigieren, das sich mit dem (wahrscheinlich)
alsbald gebräuchlichen Bei- und Spitznamen »der Kahle« zu
verbinden drohte.

Unter den erlauchten Geistern – Theologen, Philosophen,
Chronisten, Poeten –, die seiner Hofhaltung Glanz und Ni-
veau gaben, wählte er den versgewandten Mönch Hukbald
von St. Amans und betraute ihn mit einer staatserhaltenden
Propaganda-Aufgabe: Der gängigen Vorstellung von der Lä-
cherlichkeit der Kahlheit war in einem Gedicht nachdrücklich entgegenzuhalten, daß im Gegenteil Kahlheit ein ebenso
seltener wie auszeichnender Vorzug sei, daß Kahlheit auf

28

gute Eigenschaften deute und daß sich glücklich preisen möge, wer wie Herr Karl, der kahle Kaiser, ohne Haare sei.
Hukbald schuf also emsig ein umfangreiches und geschliffe-
nes Poem von dreihundert Hexametern, in dem nahezu jede
Zeile mit dem Buchstaben c (wie »Carolus calvus«) beginnt
und das als ›Hucbaldi de laude calvorum‹ dem König per-
sönlich gewidmet und zu Füßen gelegt wurde.

Ob es angesichts der damals noch unterentwickelten Ver-
triebsmöglichkeiten für Werbeschriften seinen Zweck voll
erfüllt hat, muß bezweifelt werden. Wir aber verdanken dem
kunstvollen Opus des Herrn Hukbald die sichere Schlußfolgerung, daß Karl der Kahle wirklich kahl gewesen ist.

Karolingerdämmerung
Karl der Dicke, Karl der Einfältige ...
und Hugo Capet

Pippin der Mittlere zeugte Karl den Hammer, Karl der Hammer zeugte Pippin den Kleinen, Pippin der Kleine zeugte Karl den Großen, Karl der Große zeugte Ludwig den Frommen, Ludwig der Fromme zeugte Karl den Kahlen und Ludwig den Deutschen, Ludwig der Deutsche zeugte Karl den Dicken, Karl der Kahle zeugte Ludwig den Stammler, Ludwig der Stammler zeugte Karl den Einfältigen, Karl der Einfältige zeugte Ludwig den Überseeischen ...

Biblisch haben wir bei Karl dem Hammer unsere Exkursion durch die pippinidisch-karolingischen Beinamengefilde begonnen, und mit einem Anklang an biblische Genealogie wollen wir das Kapitel eröffnen, das uns zum Ende des beinamenreichen (und deshalb für uns besonders ergiebigen) Geschlechts führt: also ein Karolingerepilog.

Kaiser Karl der wirklich Kahle war 877 auf der Flucht vor seinen Neffen in den Alpen gestorben, vielleicht sogar – wie ein Annalenwerk behauptet – durch ein Pülverchen vergiftet worden. Er hinterließ das ungefestigte, von allen Seiten attackierte Westreich seinem Sohn Ludwig dem Stammler *(Hludowicus Balbus)*, einem Herrscher, dem das Regieren wie das Artikulieren schwerfiel und der bald seinem ostfränkischen Vetter Karl dem Dicken das Feld räumte. Weitere Todesfälle in der linksrheinischen Verwandtschaft rundeten den Besitz des »wohlgenährten« Ostfranken rasch ab: Unversehens fügte sich so noch einmal das ganze großmächtige Reich Karls des Großen unter einem einzigen König zusammen.

Karls des Dicken Karolingerblut scheint freilich eher ein Karolingerverschnitt gewesen zu sein. Schon als Prinz *Karlito* (Karlchen), wie man ihn in Italien nannte, war er einer »dämonischen Macht«, dem »bösen Geist« anheimgefallen. Heute würde man wohl diagnostizieren: der Epilepsie. Eine Kur- und Erholungsreise, die ihm sein Vater, Ludwig der Deutsche, deshalb verordnete, sah freilich – nach mittelalterlichem Brauch – weniger die Konsultation von Doctores als das Geleit antidämonischer Bischöfe vor, sie führte nicht in heiße Bäder und zu lauwarmen Quellen, sondern zu »heiligen Stätten« – kurz, man trieb dem Prinzen »den Teufel« aus, heilte ihn aber weder von der Epilepsie noch – wie man vermuten darf – von der Impotenz. Als nämlich einige Jahrzehnte später Karls Gattin, die Kaiserin Richgard, beschuldigt wird, zu dem verhaßten Kanzler Luitward ehebrecherische Beziehungen unterhalten zu haben, läßt sie vor versammeltem Reichstag ein Bömbchen platzen. Sie erbietet sich, nach vieljähriger Ehe mit Karl dem Dicken den Nachweis »unverletzter Jungfräulichkeit« anzutreten.

Aber es war keineswegs in erster Linie dieses, wohl durch seine Krankheit bedingte, Unvermögen im Ehebett, was Karl dem Dicken die Verachtung und den Hohn der Zeitgenossen aller Parteiungen eingetragen hat. Ungleich schwerer wogen sein ständiges Zaudern, seine Ängstlichkeit, seine Feigheit als Herrscher, sein wiederholtes faul-kompromißbereites Zurückweichen vor den Hauptfeinden des Reiches, den »dürstend nach Brand und Mord« regelmäßig einfallenden Normannenheeren. »Das Heer«, so klagt ein Geschichtsschreiber, »war sehr betrübt, einen solchen Fürsten zu haben, der die Feinde begünstigte und ihm den Sieg über den Feind entriß.« Und da Karl dem Dicken 887 auch eine Operation am Kopfe nicht zu größerer Entschlußkraft verhalf, da er *ipse nil utile gessit,* selbst »nichts Ersprießliches vollbrachte«, »verdrängten ihn die Ostfranken aus der Herrschaft«. Das heißt, man setzte den Kaiser ab. Karl der Dicke »endete bald sein gegenwärtiges Leben, um, wie wir glauben, das himmlische zu besitzen«.

Diese letzte Vermutung unseres Annalisten hat nicht mehr und nicht weniger Wahrscheinlichkeit für sich als die Annahme, daß Karl der Dicke dick, feist oder wenigstens rundlich gewesen sei. Erst rund dreihundert Jahre nach seinem Tode nämlich wird er in der Geschichtsschreibung mit seinem Beinamen *Carolus crassus* genannt: Die keineswegs originelle Phantasie des sächsischen Chronisten, der sich im 12. Jahrhundert den schwächlichen, unmännlichen und phlegmatischen Kaiser offenbar als ein pyknisches Dickerchen vorstellte, bestimmt dennoch bis zum heutigen Tag nahezu unbestritten die Vorstellung, die jedermann assoziiert, wenn von Kaiser Karl dem Dritten, »dem Dicken«, die Rede ist. Eine Ansicht, die in einem höheren Sinne nicht ohne Berechtigung ist. Man trifft es ja im allgemeinen, denkt man sich schwammige Fettleibigkeit als Zeichen von Trägheit. Aber es ist durchaus möglich, daß dieser »Dicke« spindeldürr gewesen ist.

Die Karolingerdämmerung machte seit Karls Regierungszeit rasche Fortschritte. Das Reich wurde verheert, zerbröckelte, brach auseinander; das verzweigte Geschlecht verdorrte. Der letzte italienische Karolinger, Ludwig der Dritte, Sohn Kaiser Ludwigs des Zweiten, wird 905 durch grausame Blendung zu Ludwig dem Blinden; in Deutschland, dem fränkischen Ostreich, treten die Karolinger 911 mit dem Tode des kaum achtzehnjährigen Jünglings von der Bühne ab, der seit seinem sechsten Lebensjahr als Ludwig »das Kind« die Krone getragen hat.

Im Westen, in Frankreich, ist es ebenfalls ein Halbwüchsiger, der die Rolle des Karolingerprätendenten übernehmen muß. Auch sein Beiname scheint die Degeneration der berühmten Familie zu illustrieren: Den »Einfältigen« hat man König Karl, den Sohn des Stammlers, genannt. Wie es scheint, nicht ganz zu Recht, denn Karl der Einfältige hatte die keineswegs einfältige Idee, die friedlosen Normannen durch Ansiedlung in der Normandie friedlich zu stimmen. Dennoch kann sich Karl der Einfältige in Frankreich ebensowenig durchsetzen wie nach ihm sein Sohn Ludwig der Überseeische *(Transmarinus, d'Outremer),* den man zur Vorsicht gleich im »überseeischen« Ausland, in England, aufwachsen läßt.

Im Jahre 987 fällt dann endgültig auch in Frankreich der Vorhang nach dem letzten Akt der »Karolingerdämmerung«: Der Neffe Ludwigs des Überseeischen, der desinteressierte Ludwig der Nichtstuer *(Fainéant),* stirbt und macht den schon längst übermächtigen Kapetingern Platz. Der Beiname des ersten Königs aus diesem Geschlecht prägt den Namen der über Jahrhunderte dauernden Kapetinger-Ära: Hugo Capet, Hugo »das Mäntelchen«. Dieser Hugo, so heißt es, war der stolze Besitzer einer *cappa,* die man für den Mantel des heiligen Martin von Tours hielt.

Nehmen wir denn also Hugos Reliquie, breiten wir sie als das Mäntelchen der Nächstenliebe über die Historia von den letzten, den »dicken«, »blinden«, »kindlichen«, »stammelnden«, »einfältigen«, »überseeischen« und »nichtstuerischen« Karolingern.

Lohn des Verzichts
Alfons der Keusche

Zu der Zeit, da sich im fränkischen Reich die Pippiniden, die späteren Karolinger, zu Herren, zu »Meiern« im Hause machten und Männer wie Karl der Hammer und Pippin der Kleine an den Grundlagen des neuen christlichen Kaiserreiches schmiedeten, war das später allerkatholischste Terrain Europas, war Spanien fast vollständig eine Beute der arabisch-mohammedanischen Invasion geworden. Nur im gebirgigen Norden der Pyrenäen-Halbinsel, den die frostfeindlichen Wüstensöhne lieber mieden, besonders in Asturien und Galicien, hielt sich die christliche Résistance. Von hier aus konnten christliche Könige sogar Ansätze zu dem bisher langwierigsten Befreiungskrieg der Weltgeschichte schaffen, zu der mehr als siebenhundert Jahre währenden »Reconquista« ... Es brauchte schon damals alles seine Zeit im Lande des *mañana*.

Natürlich hätte sich die Reconquista erheblich rationalisieren lassen, und schätzungsweise um rund ein halbes Jahrtausend hätte man die Wiedereroberung kürzen können, wären dem christlichen Nordspanien mehr Herrschergestalten von der Art des Mannes beschieden gewesen, von dessen gottgefälligen Taten wir nun erzählen wollen: Wir sprechen von Alfonso dem Zweiten, König von Asturien 791 bis 842, von Alfons dem Keuschen.

Alfons war ein Nachkomme jenes Recken in westgotischen Diensten, Pelayo, der als erster ein Gefecht gegen die Muslime gewonnen hatte, und eben diesem Ahnherrn eiferte schon der junge Alfons erfolgreich nach, als er 794 in der Schlacht bei Lutos den Arabern einen Verlust von immerhin siebentausend Mann beibrachte. Alfons baute sein Königreich mit der neu und stattlich angelegten Hauptstadt Oviedo peu à peu aus, und er tauschte mit Karl dem Großen Komplimente und Präsente, ohne freilich den Schirmherrn der Christenheit auf ein regelrechtes Bündnis gegen die Antichristen festlegen zu können. Karl verdiente sich hier nicht den europäischen »Karlspreis«.

Vor allem aber überstand Alfons nach einigem Hin und

Her auch eine Palastrevolution, die ein gewisser Mahmud angezettelt hatte und die den König vorübergehend in das Kostüm eines Mönches zwang. Es ist nicht überliefert, ob den immer noch jungen König Alfons erst diese Zeit hinter Klostermauern zum Verzicht auf fleischliche Genüsse geläutert hat oder ob seine – offenkundig tiefverwurzelte – Frömmigkeit schon von klein auf bestimmend für die Enthaltsamkeit gewesen ist, deren Gottwohlgefälligkeit man in offiziöser Sicht hoch veranschlagte. Jedenfalls: so männlich und tapfer König Alfons den Muselmanen standhielt, so wacker trotzte er auch den Versuchungen seiner männlichen Natur. Er führte »ohne Gemahlin ein dennoch sittenreines Leben«, und wie einen Heiligen haben Chronisten den Herrscher gepriesen, der sich den sehr ehrenvollen, nicht etwa ironisch-abschätzig gemeinten Beinamen »der Keusche« verdiente.

Dennoch waren es weder Alfonsos Enthaltsamkeit noch seine beachtlichen (wenngleich nie durchschlagenden) Erfolge im Kampf mit den Arabern, noch auch seine vielgelobte Aktivität im Stiften immer neuer Kirchen, die dem König sein Charisma verliehen. Das entscheidende Ereignis in Alfonsos langer Regierungszeit war vielmehr die Auffindung eines halbvermoderten Skeletts ...

»Dem Theodomir« – so meldet die Sage, die dem deutschen Spanienhistoriker Lembke im Jahre 1831 durchaus »zuverlässig« erschien – »dem Theodomir, welcher damals dem Bistum Iria vorstand, meldeten mehrere angesehene und glaubwürdige Männer, daß sie in einem Gebüsch bei Nacht wunderbare Lichter gesehen hätten und daß auch öfters Engel ihnen erschienen wären. Als der Bischof, die Wahrheit ihrer Aussage zu prüfen, sich selbst an den bezeichneten Ort begab, erblickte er auch die glänzendsten Lichtgestalten, und bei einer Durchsuchung des Gebüsches fand man eine kleine Hütte, welche ein Grabmal von Marmor umschloß. Voll Freude und Dankbarkeit gegen Gott berichtete der Bischof sogleich dem König; in Begleitung der Großen seines Hofes eilte dieser an die geweihte Stätte, den Leichnam des Heiligen als den des Schutzherren Spaniens zu verehren ...«

Wie man sieht, hat von Beginn an nicht der mindeste Zweifel daran bestanden, daß man mit dem Skelett im Gebüsch nunmehr die Gebeine des Apostels Jakobus, des Bruders des Evangelisten Johannes, die Überreste des legendären Spanien-Missionars gefunden hatte. Schon lange ging ja die Sage, daß Jakobus einstmals an der Küste Galiciens gelandet und daß er in dieser Region auch bestattet sei. Jetzt endlich hatten leibhaftige Engel und ein fixer Stern den Weg zu seinem Grabe gewiesen. Ein Wunder und eine ausgemachte Sache – Sankt Jakob war wieder da! Es traf sich besonders prächtig, daß seine Auffindung in die Regierungszeit des antifleischlichen und bischofskirchenfreundlichen Königs Alfons fiel, in eine Ära außerdem, in der die christliche Résistance in Nordspanien einen Schutzheiligen – soviel wie eine beflügelnde Ideologie – dringend nötig hatte. Mit dem Schlachtruf »*Santiago y cierra España!*« – »Sankt Jakob und vorwärts, Spanien!« zog man von Stund an gegen die Scharen des arabischen Emirs, und immer war seitdem Santiago, der streitbare Heilige, auf seinem Schimmel dabei, wenn Alfons der Keusche und seine Nachfolger mit den Ungläubigen fochten. Und auf dem »Sternenfeld« *(campus stellae)*, dort, wo der kluge Bischof Theodomir von Iria das Reliquien-Mirakel inszeniert hatte, ließ Alfons der Keusche für den Bischof eine gewaltige Kathedrale errichten, dazu eine Stadt: Santiago de Compostela, bald einer der berühmtesten Wallfahrtsorte Europas.

Kein Zweifel, die Engel Spaniens hatten die fromme Enthaltsamkeit Alfons' des Keuschen großzügig honoriert: Die Wiederkehr des Apostels war ein Lohn der Keuschheit. Und in Wahrheit: eine der wirkungsreichsten Manipulationen des Mittelalters.

Der König aus dem Wunschkonzert
Heinrich der Vogler

Es stimmt ein bißchen traurig, daß es oft gerade die hübschesten und einprägsamsten Überlieferungen sind, die schon beim ersten Schnüffeln des kritischen Historikers wie Pusteblumen zerflattern. Traurig, weil die Geschichte ohne sie doch ein wenig nüchterner wird und weil das Zerpflücken solcher Legenden mitunter gerade die letzten bruchstückhaften Bilder von mittelalterlicher deutscher Geschichte zerstört, die noch über die Großvätergeneration hinaus tradiert worden sind.

Einer solchen Desillusionierung hat in dem besonderen und klassischen Fall, von dem wir nun erzählen wollen, die Institution des deutschen Rundfunk-Wunschkonzertes über Jahrzehnte erfreulich entgegengewirkt. Der kontinuierlichen Pflege, die in Wunschkonzerten der Carl-Loewe-Ballade von ›Herrn Heinrich am Vogelherd‹ zuteil wurde, ist es in erster Linie zu danken, daß im Volke eine vage Vorstellung von jenem ersten ganz und gar deutschen König lebendig geblieben ist, der Heinrich hieß (also nicht Karl der Große war) und Vögel fing. Man überschätzt die Wirkung des deutschen Geschichtsunterrichts, wenn man das für wenig hält. Also: Herr Heinrich, der Sachsenherzog, »sitzt am Vogelherd« beim Vogelfang, und er ist »recht froh und wohlgemut«, weil ihm schon ein paar Finken und Lerchen auf den Leim und ins Netz geflattert sind. Er stützt – so sieht man es auf älteren Stichen – das blondgelockte Haupt in die nervige Rechte und lauscht versonnen einem *vogelîn* droben im Eichengeäst ... Da flattert das *vogelîn* auf. Herzog Heinrich runzelt die Stirn: Von ferne naht sich Hufschlag, Reiter jagen heran, springen von den schnaubenden Rössern, knien vor dem Herzog nieder, beugen die Häupter und huldigen Herrn Heinrich, dem Ahnungslosen, als frisch erwähltem deutschen König. Herr Heinrich erhebt sich und seinen blaugrauen Blick. Er zögert, schüttelt das Haupt ... Doch nein, der hehren Bürde – so wenig er sie auch gesucht hat – kann er sich nicht entziehen. Das bedrohte Reich fordert die Macht und die männliche Kraft des Sachsenherzogs. Heinrich der Vogler ergreift entschlossen des Reiches Ruder. »Andere Netze als für Finken und Lerchen«, so der Kaiserhistoriker Wilhelm von Giesebrecht, »Netze, in denen die Feinde des deutschen Volkes ihren Untergang« finden, wird Heinrich von nun an auslegen ...

Es ist kein Zufall, daß sich gerade um die Gestalt Heinrichs des Ersten volkstümlich ausgesponnene Geschichten, Sujets für Verseschmiede und Dramatiker verschiedenster Güteklassen, »gerankt« haben, daß Maler, Kupferstecher und Tondichter im Naturell und in den Taten des königlichen Papageno ihre – oft genug leider matte – Inspiration fanden. Dieser König (919 bis 936) harmoniert ebenso prächtig wie unschuldig mit romantischen und spätromantischen, mit germanenideologischen, ja sogar nazistischen Vorstellungen von deutscher Art. Man stellte ihn sich schlicht, genügsam, arglos, tapfer, blond, energisch und zugleich gemütvoll vor; man lobte ihn als Besieger der räuberischen Ungarn, der tückischen Slawen und der wilden Dänen, schätzte ihn als Ostkolonisator und als Eroberer Lothringens. Man pries den Entschluß des »ungesalbten Königs«, sich nicht zu sehr mit der Kirche und ihren ränkevollen Bischöfen einzulassen, würdigte seinen Verzicht auf Romreisen und nutzlos-imperiale Politik, nicht zuletzt seinen Fleiß beim Errichten deutscher Schutz- und Trutzburgen. Man schnitt ihn vor Königgrätz zum antihabsburgischen »kleindeutschen Musterkönig« zu, deutete ihn in einen ersten Preußen, einen frühen Kaiser Wilhelm um ... Und Carl Loewe sang dazu.

Herr Heinrich, den einsichtige Historiker längst als den »armen Heinrich« aktualisierender Interpreten bedauern und als das Opfer manipulierter Geschichtsschreibung in Schutz nehmen, ist nun in der Tat ein guter König gewesen. »Der Tag würde nicht ausreichen«, urteilt ein zeitgenössischer, also nicht-wilhelminischer Chronist, der Mönch Ruotger, »wollte man erzählen, wie Heinrich es dahin brachte, daß der schönste und herrlichste Friede dem Reich erblühte ... Mit starker Hand die Schäden aus dem gesunden Fleische zu schneiden oder sie auszuheilen, dazu gehörte wahrlich die erprobteste Tüchtigkeit ... Aber Heinrich gelang es, und in kurzer Zeit verbreitete sich durch Gottes Gnade eine so gewaltige Furcht vor den Seinen unter den fremden Völkern, wie diese sie nie sonst gekannt hatten, und Eintracht verband künftig alle Bewohner des Reiches.«

Um all das Große zu vollbringen, das Ruotger mit so viel Eifer preist, hat Heinrich der Vogler nach der Königswahl sein ornithologisches Hobby zweifellos vernachlässigen müssen. Malen wir's uns – bevor wir vollends zur Ernüchterung übergehen – noch einmal aus, wie wehmütig der König etwa am Vorabend der berühmten Schlacht von Riade (in der es den Ungarn an den Kragen ging) seines friedlichen Finkenherdes gedachte ... Wie sehnsüchtig Heinrichs Gedanken nach Norden schweiften, hin zum heimatlichen Hildesheimer Schuppen mit dem Vogelfanggerät, wenn ihn der Krieg gegen den aufsässigen Herzog Arnulf den Bösen viele Monate im fernen Bayernlande festhielt. Es scheint uns eine Nebenfrucht der so fleißig betriebenen König-Heinrich-Idealisierung zu sein, daß jener tüchtige und mächtige Bayernherzog Arnulf als Gegner des Königs »der Böse« zubenannt worden ist. Böse mußte ja sein, wer gegen den guten Heinrich war.

Noch weniger Berechtigung hat der Beiname des Königs – *auceps,* »der Vogler«, »der Finkler« – selbst. So gewiß es ist, daß Heinrich wie alle großen Herren seiner Zeit oft und gern zur Jagd ritt, so gut möglich auch, daß er hier und da beiläufig Vogelfang betrieben hat – so wenig war das harmlose Hantieren mit Netzen und Leimruten bezeichnend für den Habitus und die Beschäftigungslage des Sachsenherzogs. Seine Wahl zum deutschen König im Mai 919 zu Fritzlar hat Heinrich vor allem deshalb nicht überrascht, weil er sie selbst angestrebt hatte, weil sie – ganz gleich, ob die Designation durch seinen sterbenden Vorgänger Konrad Legende oder Wahrheit ist – für den mächtigen Sachsenherzog einfach zur Debatte stehen *mußte.* Heinrich der Vogler war nicht der Mann, der hinaus ins Grüne ritt, wenn es um die Macht im Reiche ging. Er war kein Idylliker, sondern ein tatkräftiger Fürst mit viel Sinn fürs Praktische – zum Beispiel für die Mitgift seiner beiden Frauen.

Die später so vielfältig ausgeschmückte, gerade eben auch von uns variierte Geschichte vom ahnungslosen Vogelfänger ist erst mehr als zweihundert Jahre nach Heinrichs Tod einem fabelreichen Geschichtsschreiber in die Feder geflossen: Der Kaplan Gottfried von Viterbo mischte noch ohne Gewissensbisse Geschichte mit Phantasie, Dichtung mit Wahrheit. Theodor Fontane reimte ironisch:

> Statt Zahlen, die klarer doch und reeller,
> kam Auceps, Finkler, Vogelsteller ...

Die pittoreske Szene – so muß man aus dem Umstand folgern, daß Quellen des 10. Jahrhunderts nichts von ihr wissen – hat sich nicht abgespielt. Und der Beiname selbst geht wahrscheinlich auf eine simple Quellenverballhornung zurück: Aus »Henricus de Dinkelare« ist irgendwann »der Finkler« geworden: eine folgenreiche Abstrusität.

Solange aber in Konzerten noch immer Loewes Ballade erklingt – deren Text durch höhere Fügung von einem Dichter namens Vogl stammt –, solange deutsche Baritonisten die Story von Heinrich am Vogelherd noch Schallplattenrillen anvertrauen, so lange wird man nicht nur in Dinklar bei Hildesheim, sondern auch in drei, vier konkurrierenden Harzer Ortschaften den Touristen die idyllischen Stellen vorführen, wo die Huldigung – nicht stattgefunden hat.

Ein Klassiker des Kidnapping
Heinrich der Zänker

Sein Blut war blau, aber unruhig. Er entstammte der vornehmsten Familie des Reiches, Kaiser Otto der Große – der Sohn Heinrichs des Voglers – war sein Onkel, Kaiser Otto der Zweite sein Vetter. Schon im zarten Alter von vier Jahren erbte er von seinem Vater einen gewichtigen Titel, und später zeugte er selbst einen Kaiser: Heinrich den Zweiten. Er war ein stattlicher, ein reicher, ein mächtiger Fürst – und ein schwerer Junge.

Als er 44jährig (und hochgeehrt) starb, lag eine der vielseitigsten Verbrecherkarrieren des Mittelalters hinter ihm: Betrug, Geheimbündelei, Auflehnung gegen die Staatsgewalt, Hochverrat, verfassungsschädigendes Verhalten, Ausbruch aus der Haft, Kidnapping, Raub, Bestechung, Amtsanmaßung und immer wieder Hochverrat hätte man als seine Delikte im Verbrecheralbum notieren müssen – wenn sie nicht in die Rubrik »Politik« gefallen wären, die zu allen Zeiten Unentschuldbares entschuldbar macht. Sein Blut war unruhig, aber so blau, daß man sich höheren Ortes nicht entschließen konnte, es über einen Block fließen zu lassen.

Der schwere Junge, von dem wir sprechen, war – es läßt sich nicht unterdrücken – ein Bayer: Herzog Heinrich der Zweite von Bayern, geboren 951, der nach dem frühen Tode seines Vaters Heinrich von seiner Mutter Judith und deren Intimus, dem Bischof Abraham, erzogen wurde. Da wir dem psychologisch vorgebildeten Leser Ansatzpunkte zum tieferen Verständnis der Entwicklung des Jünglings schuldig sind, müssen wir erwähnen, daß Frau Judith die Tochter Herzog Arnulfs des Bösen, daß ihr Gemahl, Heinrichs Vater, ein rebellischer Charakter war und daß böse Zungen von unzüchtigen Beziehungen der verwitweten Herzogin zu dem frommen Abraham sprachen. Obwohl ernst abwägende Geschichtsschreiber versichern, daß an diesem Gerücht kaum etwas Wahres gewesen sei, müssen wir – nicht minder ernst – die Frage aufwerfen, ob nicht allein der schlimme Verdacht vergiftend auf das Gemüt des Knaben wirken konnte, ob er nicht im Zusammentreffen mit den ererbten

Aufrühreranlagen den Weg Heinrichs auf die schiefe Bahn gewiesen hat.

Jedenfalls »entwickelte sich sein Charakter in der Jugend nicht günstig«, wie selbst Sigmund Riezler befindet, ein bayerischer Geschichtsprofessor, von dem wir noch hören werden. – Herzog Heinrich heiratete bereits als Jüngling die Prinzessin Gisela von Burgund, der es freilich nicht beschieden war, auf das hitzige Gemüt des Jungvermählten besänftigend einzuwirken. Bald nach den Flitterwochen ging Heinrich systematisch daran, sich mit seinem Vetter, dem Kaiser Otto, anzulegen, indem er zunächst durch »trügerische Vorspiegelung« einen von ihm abhängigen Verwandten auf den Augsburger Bischofsstuhl lancierte und wenig später – damals kaum dreiundzwanzig Jahre alt – den durchaus unfamiliären Plan faßte, seinen Vetter vom Thron zu stoßen. Dazu verbündete er sich – Tatbestand Hochverrat – mit den Herrschern von Böhmen und Polen.

Aber die Sache ging schief. Der Kaiser ließ seinen allzu rührigen Cousin festsetzen. Der brach aus der Haft zu Ingelheim aus, inszenierte eine neue Revolte, wurde besiegt, gebannt und abgesetzt, entkam aber erneut und arrangierte – immer noch fast ein Jüngling – als Oberheinrich den »Aufstand der drei Heinriche«: Zwei weitere süddeutsche Fürsten dieses Namens »empörten« sich mit ihm gegen Otto. Intrigen wurden da gesponnen, Schlachten geschlagen und Städte belagert, daß die Schreiber in den Klöstern kaum nachkamen. Am Ende aber bekam Kaiser Otto den Bayernherzog wieder zu fassen und schickte ihn – da er, wie schon angedeutet, die eigentlich fällige Exekution scheute – in »feste Haft« nach Utrecht.

Selbst wenn diese Haft fester geblieben wäre, als sie es schließlich war, auch wenn sie, wie wohl beabsichtigt, »lebenslänglich« bedeutet hätte: der Berufsrevoluzzer Heinrich hatte sich schon bisher seinen Beinamen »der Zänker« (un-) redlich verdient. Und wenn lateinische Wörterbücher nicht allein für den akademischen Gebrauch bestimmt, wenn sie mehr umgangssprachlich ausgerichtet wären, dann hätte man vielleicht das *rixosus* der zeitgenössischen Quellen noch farbiger mit »der Stänker« übersetzt. Im Nibelungenlied lebt Heinrich übrigens als »Markgraf Gelpfrât«, das heißt »der arge Schreier«, weiter.

Hat eine sechsjährige Haft einen schweren Jungen jemals

geläutert? Noblesse oblige, Verwandtschaft verpflichtet, fand Heinrich, als Kaiser Otto im Jahre 983 in Rom von Gram und Malaria dahingerafft wurde: Er erhob ein arges Geschrei, daß ihm als Großonkel des (bereits gekrönten) dreijährigen Thronerben Otto die Vormundschaft zukomme, er brach aus der Utrechter Haft aus und mobilisierte erneut seinen alten Komplizen, den düsteren Grafen Ekbert den Einäugigen. Mit Ekbert galoppierte er von Utrecht nach Köln, wo er den »Erzbischof Warin vermochte« – so der Bayern-Historiker Riezler –, den kleinen Otto »seiner Obhut zu übergeben«. Er »vermochte« – »seiner Obhut« ... Ist je ein Kidnapping so verständnisvoll und mild beschrieben worden?

Nachdem Heinrich der Zänker den Thronerben kassiert hatte, ritt er gen Sachsen, das Stammland des verstorbenen Kaisers, um dort im damals schon erprobten Verfahren »Zuckerbrot und Peitsche« – also durch Versprechungen und Bestechungen, durch Gewaltaktionen und den Raub kaiserlicher Schätze – eine Reihe von Fürsten, besonders geistliche, auf seine Seite zu bringen. Außerdem schien es ihm geboten, nach dem Prinzen auch die siebenjährige Prinzessin Adelheid zu kidnappen: Man habe die Kleine, hieß es in Heinrichs offiziellem Kommuniqué, »zu Erziehungszwecken« auf Graf Ekberts Burg Ala interniert. Wenig später ließ sich der Vormund, der so verantwortungsbewußt für die kaiserlichen Halbwaisen gesorgt hatte, von einigen eingeschüchterten oder korrumpierten Potentaten zum deutschen König wählen. Der Höhepunkt seiner Verbrecherlaufbahn war erreicht. Von nun an führte sie, wenngleich noch über ein paar Steigungen, schief nach unten.

Die Mutter des gekidnappten Pärchens, die kluge Kaiserin Theophanu, brachte nämlich eine mächtige Front gegen den Zänker zustande, und im Juni 984 mußte der Usurpator nicht nur auf die angemaßte Königswürde verzichten, sondern auch den Knaben Otto der Mama aushändigen. Im Volke sang man damals:

> König sein will Herzog Heinrich,
> Unser Herrgott will es nicht!

Wer wundert sich, daß Heinrich noch einmal rückfällig wurde? Gegen das Versprechen, Lothringen an Frankreich abzutreten, sicherte er sich vorübergehend die Unterstützung des französischen Königs – ein Verhalten, das deutschnationale Historiker zutiefst mißbilligt haben. Gottlob versickerte diese neuerliche Kabale: Auf einem Reichstag zu Frankfurt (985) unterwarf sich Heinrich der Zänker erneut der Kaiserin und dem kleinen, späterhin dritten Kaiser Otto. Heinrichs Strafmaß? – Er hatte zu bereuen und Besserung zu geloben!

Da Heinrich als Saulus nun endgültig hatte kapitulieren müssen, wandelte er sich zum Paulus. Der Wolf, der sich zwölf Jahre lang durch die Geschichte des Reiches gebissen hatte, retirierte als Lamm in die regionale, in die bayerische Geschichte. Dankbar-ängstliche Zeitgenossen häkelten dem Bayernherzog, der nun bis zu seinem Tode im Jahre 995 halbwegs friedlich regierte, ein völlig neues Gewand, und noch durch die Blätter der Bayerngeschichte des Sigmund Riezler (1878) pfeift das erlöste Aufatmen des anteilnehmenden Historikers, der bibelgerecht einen bekehrten Sünder besonders liebt.

Zugegeben: nur bis zum Jahre 985 ist Heinrich der Zänker für einen ›Pitaval‹ des Mittelalters attraktiv. Aber übertreibt Riezler nicht, wenn er Heinrichs wahrhaftig nachsichtigen Beinamen wegzudebattieren versucht und geltend macht, daß man diesen Bayernherzog später auch den »Gütigen« oder den »Friedensstifter« genannt hat? Versetzt man denn einen notorisch ruppigen Schüler, der nur gegen Ende des Schuljahres einmal eine passable Klassenarbeit geschrieben hat?

... schwankt sein Charakterbild
in der Geschichte
Boleslaw Chrobry (der Tapfere)

»Wer die Fasten nicht hält, dem läßt Boleslaw die Zähne
ausschlagen; wer Unzucht treibt, den läßt er öffentlich
entmannen und verstümmeln.«

»Boleslaw war der gerechteste und mildeste Richter, der
Vater der Witwen und Waisen ... Ein Küchlein, dem Bauern vom Feinde geraubt, bekümmerte ihn mehr als eine
verlorene Burg.«

»Er (Boleslaw) ist ein Mensch ohne Treue und Glauben,
voll tausendfältiger Ränke, der verschmitzteste Verführer.«

»Boleslaw war der andächtigste Christ, der gehorsamste
Sohn der Kirche ... Er nannte die Bischöfe seine Herren
und wagte es nie, sich in ihrer Gegenwart zu setzen.«

»Seine Siege verdankt er mehr der Heimtücke als ehrli-
cher Tapferkeit. Er ist eine Geißel des Herrn, die Sünden
des deutschen Volkes zu strafen.«

»Kein Feind hielt ihm je stand ... Mit reicher Beute
kehrten seine Ritter von ihren siegreichen Zügen heim,
und der glänzendste Hof umstrahlte den tapferen Fürsten.«

Die beiden Chronisten, die wir hier abwechselnd mit je-
weils drei Zitaten zu Wort kommen ließen, sprechen – wie
man wohl errät – nicht von zwei verschiedenen Boleslaws,
von Boleslaw dem Guten und Boleslaw dem Bösen, sondern von dem einen kantigen Herzog (992 bis 1025), der
als Boleslaw *Chrobry*, »der Tapfere«, »der Glorreiche«,
von den Polen als erster, frühmittelalterlicher Nationalheld
vorgewiesen wird. Unschwer zu erraten auch, daß es ein
polnischer Chronist ist (Gallus Anonymus genannt), der
das überschwengliche Lob spendet, und ein deutscher, der
an Boleslaw kein gutes Haar läßt. Aber es handelt sich
doch keineswegs um einen der später so häufigen Anti-
Slawen-Trompeter; vielmehr um den achtbaren Bischof
und Sachsenhistoriker Thietmar von Merseburg (975 bis
1018). Thietmar muß als Zeitgenosse Boleslaws mit seiner
Schilderung im ganzen ernster genommen werden als jener

erste polnische Chronist, der mit hundertjähriger Verspätung die Gestalt des Herzogs legendär verklärt.

Ernster also muß man Thietmar nehmen – aber doch nicht ganz für voll. Denn der engagierte Bischof schmollte und grollte mit allen Säften seiner Galle dem bedeutenden, tatkräftigen, unruhigen, kriegerischen und schlauen Polenherzog, der dem Haupthelden der Thietmarschen Chronik, Kaiser Heinrich dem Zweiten (dem »Heiligen«), jahrzehntelang Kummer und Mühe bereitet hat: »Mit Undank lohnt Boleslaw den Deutschen die Wohltaten, die sie ihm und seinem Vater erwiesen; unablässig sinnt er auf ihr Verderben, selbst in den Zeiten des Friedens«, entrüstet sich Thietmar. Nicht einmal die vielseitige Förderung der christlichen Mission und des missionierenden heiligen Adalbert durch Boleslaw, auch nicht die gottgefälligen Bistumsgründungen des Polenherzogs stimmen ihn glimpflicher: »Boleslaw ist tief in Lüste versunken«, tadelt er, »und hält ihm die Geistlichkeit seine Vergehen vor, so beeilt er sich wohl, die ihm auferlegte Buße zu leisten; noch eiliger aber stürzt er sich dann in neue und schlimmere Sünden ...«

Kein Zweifel, ein arger Sünder ist Boleslaw der Tapfere gewesen. Das liest man zwischen den Zeilen sogar in der Lobpreisung des Gallus Anonymus: Als Boleslaws kriegerischer Impetus sich einmal nicht gen Westen, sondern nach Osten wandte, »umlagerte er das große Kiew, und es mußte ihm seine Tore öffnen. Lachend zog er sein Schwert und hieb damit in die goldene Pforte. ›So wahr mein Schwert diese Pforte durchbohrt‹, rief er aus, ›soll in der nächsten Nacht des Königs Schwester meine Buhle sein.‹« Obwohl die besagte goldene Pforte erst rund zwanzig Jahre nach Boleslaws Einzug in Kiew erbaut wurde, lassen sich Existenz, Schändung und Verschleppung jener bedauernswerten Königsschwester keineswegs leugnen.

Wir müssen – bei aller Sympathie für den polnischen Herzog und späteren König – noch ein paar weitere Zeilen für Boleslaws Missetaten reservieren: Er brachte sich nach dem Tode seines Vaters Miseko durch die Verjagung seiner Stiefmutter und diverser Stiefgeschwister sowie durch die Blendung anderer naher Verwandter an die Macht. Er ließ später auch dem Böhmenherzog Boleslaw dem Roten, seinem Neffen, die Augen ausstechen und hat in der Tat – Thietmars Groll ist da wahrhaftig motiviert – seinen Lehnsherren, den deutschen Kaisern, nicht eben die reinste Lauterkeit bewiesen.

Bis in das Gebiet zwischen Elbe und Oder reichte zeitweilig Boleslaws Macht, und fast scheint es, daß er von Osten her dem deutsch-römischen Imperium so etwas wie ein »panslawistisches« Reich in die Flanke bohren wollte. Nachdem der schwärmerisch-arglose Kaiser Otto der Dritte Boleslaw noch zum »Freund und Bundesgenossen des Volkes von Rom«, zum »Bruder und Mitarbeiter am Reich« deklariert hatte, mußte Kaiser Heinrich der Heilige nicht nur Krieg um Krieg gegen den Herzog führen, sondern sogar seine eigene – später beurkundete – Heiligkeit durch ein damals sehr schockierendes Bündnis mit den heidnischen Liutizen gegen den christlichen Boleslaw beflecken.

Daß Boleslaw diese Kriege gegen den Kaiser nicht mit jener Frisch-fromm-fröhlich-frei-Tapferkeit des damals gängigen biederen Recken, sondern mit Frühformen der Guerillataktik bestritt, daß er die deutschen Heere in Polen einrükken ließ und dann durch schnelle Attacken (bei schnellem Rückzug auf feste Wallburgen), durch Überfälle auf den Troß und die Fouragiertrupps zermürbte – das war für den schnurgeraden Sinn Thietmars »Heimtücke«, nicht »ehrliche Tapferkeit«. Zeitgenossen und Zeugen erfolgreicher Guerillakriege dagegen werden ohne Zögern dem polnischen Prädikat *Chrobry*, »der Tapfere«, alles in allem zustimmen. Denn nicht Biederkeit, sondern Klugheit ist der bessere Teil der Tapferkeit.

Plastische Piasten
Boleslaw der Kühne, Boleslaw Schiefmund
et cetera

Wer wie wir seine Freude an originellen Fürstenbeinamen hat, wird mit Genugtuung und Behagen die Stammtafeln der polnischen Piasten studieren: Häufiger als bei anderen Herrschergeschlechtern sind unter den Nachkommen Boleslaws des Tapferen, unter all den Boleslaws, Kasimirs und Wladyslaws, plastische Beinamen anzutreffen. Wir wollen sie – nachdem von Boleslaw dem Tapferen schon ziemlich ausführlich erzählt worden ist – nur beiläufig paradieren lassen und einen kurzen Exkurs durch die Genealogie der Piasten unternehmen.

Piasten: ein weitverzweigtes Fürstengeschlecht, das sich, nach einer alten Sage, von einem bäuerlichen Stammvater namens Piast herleitet und das vom 10. bis zum 14. Jahrhundert Polens Geschicke wesentlich bestimmt hat ...

Da haben wir zunächst Boleslaw Chrobrys Enkel Kasimir den Erneuerer, der mit mäßigem Erfolg bestrebt war, den Bestand des polnischen Reiches (vom tapferen Boleslaw keineswegs gefestigt) zu renovieren. Dann wieder einen Boleslaw – in älteren deutschen Geschichtswerken »Boleslaus« –, der als Boleslaw der Kühne, auch der Freigebige, in den sechziger und siebziger Jahren des 11. Jahrhunderts seinen Urgroßvater zu kopieren suchte. Er legte sich mit Kiew, Ungarn, Böhmen und dem deutschen Kaiser Heinrich dem Vierten an und paktierte mit Papst Gregor dem Siebenten. Kühn erfochtenen Siegen aber folgte ein plötzlicher Sturz: Als der cholerische Boleslaw, der sich 1076 sogar zum König aufgeschwungen hatte, den Krakauer Bischof Stanislaw eigenhändig am Altar einer Kirche erschlug – eine andere Überlieferung berichtet, daß dem Bischof auf Veranlassung Boleslaws alle Glieder einzeln abgehackt worden seien –, wurde er durch eine Rebellion des Adels gestürzt und vertrieben. Aber wie das so geht: Obwohl Boleslaws Kühnheit seinem Land mehr Tränen als Ruhe, mehr Ruhm als Nutzen beschert hat, ist ihm in Polen ein Legendenkranz geflochten worden. Sein Tod im Exil ist bis heute rätselhaft geblieben, was Raum für allerlei Phantasie bot.

Als nächsten Beinamenträger unter den Boles- und Wladisläusen rufen wir Boleslaw Schiefmund, Herzog von 1102 bis 1138, den Neffen Boleslaws des Kühnen, auf. Sein Beiname ist nicht besonders kleidsam: Boleslaw war nicht schön, aber er konnte doch seinen mißgestalteten Mund so energisch zusammenkneifen, daß seinen Gegnern in Polen wie jenseits der Grenzen der Spott in der Kehle steckenblieb. Er war der dritte Boleslaw, der es mit einem deutschen Kaiser – Heinrich dem Fünften – zu tun hatte, und er scheint der Klügste unter den Boleslaws gewesen zu sein. Denn er verstand es, nach Kriegszügen auch einen gescheiten Frieden zu machen. Er fand es auch nicht genierlich (weil es Polen nutzte), dem deutschen Kaiser Lothar den Anschein der Oberhoheit zu gönnen, indem er auf einem Reichstag zu Merseburg feierlich ein Schwert vor ihm hertrug: Niemand wußte genau zu sagen, weshalb Boleslaws Mund bei dieser Prozession noch schiefer als gewöhnlich wirkte.

Das Testament aber, das Boleslaw Schiefmund machte, läßt von seiner Klugheit wenig erkennen. Es verfügte die Aufteilung Polens unter vier Söhne, von denen der Älteste als »Senior« der Repräsentant des Reiches nach außen sein sollte – ein Testament, von dem die Aufsplitterung Polens und jahrhundertelanger Wirrwarr ausgingen. Kein Wunder, daß der vierte Boleslaw, Schiefmunds Sohn Boleslaw Kraushaar, bereits auf der ganzen Linie nachgeben mußte, als Kaiser Friedrich Barbarossa 1157 mit seinem Heer bis nach Posen vorstieß: Rotbart beschnitt Kraushaar.

Weder Boleslaw der Lange von Breslau (gestorben 1201) aus der schlesischen Linie noch Wladyslaw Dünnbein (gestorben 1231) aus der »großpolnischen« Linie der Piasten operierten – wie ihre unheldischen Beinamen ausnahmsweise zutreffend ahnen lassen – erfolgreicher als der Kraushaarige. Noch weniger bot die individuell durchaus achtbare Keuschheit Boleslaws des Schamhaften einen Ansatz zu herrscherlichen Taten im Interesse der polnischen Einheit: Dieser Boleslaw, ein Sohn Leszeks des Weißen von Kleinpolen, blieb lange Zeit unter der Regie Heinrichs des Bärtigen von Schlesien und durfte bei seinem Tode 1279 eher auf frommes Angedenken in polnischen Klöstern als auf Wertschätzung in polnischen Geschichtsbüchern hoffen.

»Schamhaft« bedeutet hier übrigens nicht, daß der Fürst in Gegenwart schöner Damen errötend den Blick niedergeschlagen habe; gemeint ist ein besonders sittenreines Wesen.

Boleslaw der Fromme von Kalisch ging im selben Jahre (1279) in die Ewigkeit ein, während der tatkräftigere Herzog Heinrich der Fromme von Schlesien bereits 1241 in der großen Mongolenschlacht zu Liegnitz gefallen war: Polen fuhr nicht gut mit all diesen lockigen, zartgliedrigen, hochgeschossenen, bärtigen, hellhäutigen, keuschen und frommen Beinamen-Piasten.

Erst der seit Schiefmund kurioseste Beiname verbindet sich mit der dauerhaften Erhebung Polens zu einem Königreich: Wladyslaw Ellenlang *(Lokietek)* rang viele Jahrzehnte zäh, rücksichtslos und mitunter – zwangsläufig – deutschenfeindlich um die Einigung des zersplitterten Reiches. Wer etwa 1312 im rebellischen Krakau so anspruchsvolle polnische Worte wie *soczewica* oder *mlyn* nicht akzentfrei hersagen konnte und dadurch seine deutsche Herkunft verriet, wurde – angeblich – kurzerhand enthauptet. Auch gegen den Deutschen Orden hat der vermutlich kleine, aber physisch wie psychisch stabile Wladyslaw erfolgreich gefochten: Ellenlang wußte seine Ellenbogen zu gebrauchen. 1330 konnte er sich zum polnischen König krönen lassen, und als er 1333 starb, hatte er zwar wenige Bundesgenossen, doch einen Sohn von Format vorzuweisen: Kasimir den Großen.

Noch war – nach einem Dutzend plastischer Piasten – Polen nicht verloren.

Nach Engelland mit gewaltigem Heer
Robert der Teufel, Eduard der Bekenner,
Wilhelm der Eroberer und seine Söhne

Die mittelalterliche Geschichte Englands ist für unsere Bei-
namenkollektion kaum weniger ergiebig als die polnische
und deutsche. Angelsächsische, dänische, norwegische, nor-
mannische Könige und Invasoren, Herzöge und Prätendenten, Staatsmänner und Raufbolde stehen mit charakteristischen, zufälligen oder kuriosen Beinamen zu Buche.

Von der bekanntesten Gestalt aus dieser Reihe, von Richard Löwenherz, wird später zu erzählen sein. Zunächst
aber sehen wir uns im 11. Jahrhundert um, in jener dramatisch bewegten Phase der englischen Geschichte, in der ein
beutegieriger und landhungriger Heerhaufen nach dem anderen – aus Skandinavien und aus der Normandie – in England einfiel und immer neue Flotten abenteuerlustiger Nord-
männer in der Themsemündung ankerten. Die angestamm-
ten angelsächsischen Könige standen den Invasoren immer
hilfloser gegenüber. Ethelred der Unberatene *(the Redeless)*
war so schlecht beraten, die überlegenen Truppen des Dä-
nenkönigs Sven Gabelbart – Träger eines zweisträhnigen
Bartes à la Tirpitz – durch eine großangelegte Mordaktion
zu einem Vergeltungsfeldzug zu reizen: Nun wurden Engländer reihenweise auf*gegabelt* und aufgespießt, und Ethelred mußte (1016) seinen Thron dem Dänen Knut räumen,
den man später »den Großen« nannte.

Zweieinhalb Jahrzehnte danach gelangte freilich noch einmal ein Angelsachse an die Spitze des bereits normannisch
»unterwanderten« Staates: Ethelreds Sohn Eduard der Bekenner *(the Confessor)*, von dem Englands großer Geschichtsschreiber Trevelyan sagt, daß er im Grunde weniger
ein englischer König als ein französischer Mönch gewesen
sei. Ein besonders frommer und besonders schwächlicher
Herrscher, der in der Normandie aufgewachsen war und
dessen geschichtliche Rolle darin bestand, in bigotter Untä-
tigkeit der normannischen Eroberung Englands den Weg zu
bereiten. Man hat ihn hundert Jahre später dafür heiligge-
sprochen.

Eduard der Bekenner hatte als Prinz zur Zeit der Dänenherrschaft über England am Hofe des Normannenherzogs Robert Zuflucht gefunden; am Hofe und dann in den Klöstern eines Fürsten, dem der fürchterliche und nur in späterer, säkularisierter Sicht eher komische Beiname »der Teufel« gegeben worden ist. ›Robert der Teufel‹ – das ist zugleich der bis heute einigermaßen geläufige Titelheld zahlreicher Dramen, Balladen, Versromane und der Oper Giacomo Meyerbeers; eine Sagengestalt, die zuerst von einem französischen Volksbuch des 13. Jahrhunderts (›Roland le Diable‹) popularisiert wurde. Es ist nicht einmal ganz sicher, ob dieser viel variierte und bei Nestroy als »Robert der Teuxel« sogar parodierte Sagenheld überhaupt mit jenem »teuflischen« Herzog Robert dem Zweiten von der Normandie zusammenhängt. Die Sage von Robert dem Teufel hat mit der – natürlich sehr knapp belegten – Biographie des Herzogs nicht viel mehr als das Motiv der tätigen Buße für einst begangene Missetaten gemein. Während aus dem Leben des historischen »Teufels« neben einem mißglückten Eroberungszug 1034 nach England eine friedlichere Pilgerfahrt ins Heilige Land bekannt ist – Herzog Robert der Teufel starb 1035 auf der Rückreise zu Nikäa –, knüpft sich an den sagenhaften Robert eine dramatisch bewegte und rührselige Story. Sie läßt sich in ihrer wichtigsten mittelalterlichen Ausformung so skizzieren:

Dem Normannenherzog Hubert und seiner bis dahin kinderlosen Frau wird durch die Macht des Bösen endlich ein Erbe geboren, der sich von klein auf wild und gewalttätig, als Jüngling dann geradezu kriminell gebärdet. Prinz Robert mordet, plündert und vergewaltigt, bis er eines Tages erfährt, daß er schon vor seiner Geburt dem Teufel geweiht wurde. Nun geht Robert in sich und nach Rom, um dort zu beichten und zu büßen. Ein Eremit gibt ihm als Buße auf, sich närrisch und stumm zu stellen und mit den Hunden in den Straßen zu leben. Sieben Jahre vegetiert Robert der Teufel so in Demütigung und Buße, bis sich ihm inkognito die Gelegenheit zu einer ritterlichen Heldentat bietet: Er befreit den römischen Kaiser von einem schurkischen Seneschall und bekommt, nach einigen unvermeidlichen Ritardandi, die zunächst stumme, dann aber wunderbar von der Sprachlosigkeit geheilte Tochter des Kaisers zur Frau. Tableau.

Weshalb der *historische* Robert bereute, weshalb er sich an die ritterliche Brust klopfte und nach Jerusalem pilgerte, ist nicht bekannt. Sicherlich aber ist der Entschluß zur Buße für teuflische Taten nicht von dem »Fehltritt« ausgegangen, der dem Normannenherzog um das Jahr 1028 herum einen »natürlichen« Sohn bescherte. Es war so etwas wie ein historischer Fehltritt, denn dieser natürliche Sohn, Herzog Roberts späterer Erbe, war *William the Conqueror,* der Schöpfer des neuen englisch-normannischen Staates.

Wilhelm wird als ein blutvoller Recke von mächtiger Körperkraft geschildert, aber er hatte nicht nur breite Schultern, sondern auch eine gewölbte Stirn. Seinem geistlich-demütigen Verwandten Eduard imponierte er so, daß dieser ihm die Nachfolge auf dem englischen Thron versprach, wenn er, Eduard, dereinst zum letztenmal seine Sünden bekennen werde, um fromm und kinderlos aus dieser Welt zu scheiden. Im Jahre 1066 war es soweit: Eduard der Bekenner starb. Aber nicht an den Normannenherzog Wilhelm erging der Ruf der königmachenden »Weisen« zu London, sondern an den angelsächsischen Prätendenten Harold. Der Normanne spähte mit gerunzelter Stirn in den Nebel über dem Ärmelkanal. Wenn man ihm die grüne Insel dort drüben nicht freiwillig überlassen wollte, nun – dann würde er sie eben erobern.

Was diesem Entschluß folgte, war so düster-heroisch, daß es noch acht Jahrhunderte später deutsche Dichter zu Balladen stimulierte. Ludwig Uhland reimte:

> Der Herzog Wilhelm fuhr wohl über das Meer,
> Er fuhr nach Engelland mit gewaltigem Heer.
> Er sprang vom Schiffe; da fiel er auf die Hand:
> »Hei!« rief er, »ich faß' und ergreif' dich, Engelland!«

Bei Hastings kam es zur Schlacht mit den Angelsachsen des Königs Harold. Es war kein Veni-vidi-vici für Wilhelm: Die Invasoren wurden wiederholt zurückgeworfen, und schon hieß es, der Normannenherzog sei gefallen. Aber das war angelsächsisches Wunschdenken. Wilhelm lebte, und die blutige Schlacht wurde schließlich von den normannischen Bogenschützen entschieden. In Heinrich Heines Vers-Historien ist das schauerliche Ende beschrieben:

Der Herzog der Normannen hat
Den Sieg davongetragen,
Und auf dem Feld bei Hastings liegt
Der König Harold erschlagen ...

Der Nebel, der das Schlachtfeld bedeckt
Als wie ein weißes Leilich,
Zerfloß allmählich; es flatterten auf
Die Dohlen und krächzten abscheulich.

Viel tausend Leichen lagen dort
Erbärmlich auf blutiger Erde,
Nackt ausgeplündert, verstümmelt, zerfleischt,
Daneben die Äser der Pferde ...

Herzog Wilhelm von der Normandie aber empfing am
Weihnachtsfest des blutigen Jahres 1066 zu London die Krone Engellands; der Papst verlieh ihm seinen Segen und die
Chronisten den zwingenden Beinamen: »der Eroberer«.

Auch dem Sohn und Nachfolger Wilhelms des Eroberers,
Wilhelm dem Roten (Rufus), hat Uhland eine Ballade gewidmet. Der rotgesichtige und rötlich-blonde zweite Wilhelm,
ein geldgieriger und deshalb ziemlich unbeliebter Herrscher,
wurde im Jahre 1100 während einer ›Jagd von Winchester‹ –
so der Titel der Ballade – von einem Ritter namens Walter
Tyrell durch einen Pfeilschuß ermordet.

Wilhelms des Roten Bruder, Robert Kurzhose (Curthose),
der als Erbteil die Normandie erhalten hatte, kam nun seinerseits »nach Engelland mit gewaltigem Heer«, aber er errang die englische Krone nicht. Die Krone von Jerusalem
dagegen, die er als einer der Anführer des ersten Kreuzzugs
hätte haben können, verschmähte er. Robert Kurzhose hat
entgegen anderslautenden Mutmaßungen nicht – wie es
heißt: angesichts der morgenländischen Temperaturen – die
Mode des Shorts-Tragens kreiert, sondern seinen Beinamen
»on account of his short stature«, wegen seiner kurzen, gedrungenen Gestalt, erhalten. Robert war ein wackerer Rittersmann, aber er wurde im Ringen um Engelland von seinem jüngeren Bruder Heinrich Beauclerk (etwa: »der schöne
Schreiber«), der nicht nur Latein verstand, in der Schlacht
von Tenchebrai 1106 geschlagen und gefangen.

Während der Schreibkundige als Heinrich der Erste den

englischen Thron behauptete, fröstelte der Kurze bis zu seinem Tode in feuchten englischen Kerkern. Dort hat er zweifellos bereut, nicht im wärmeren Jerusalem geblieben zu sein.

Graf Ludwig der Springer sah hinauf zu jenem hübschen thüringischen Berg, an dem sich später die Phantasie der Deutschen so oft entzündet hat: »Wart, Berg«, murmelte er, »du sollst mir eine Burg werden!« Und mit List und Tücke ging er daran, den historischen Hügel in seinen Besitz zu bringen, der nun nicht mehr lange auf die ihm angedrohte Burg warten mußte – die Wartburg. Moritz von Schwind hat diesen unhistorischen Augenblick eines historischen Entschlusses in einem Fresko auf der Wartburg festgehalten. Er brauchte sich nicht darum zu kümmern, ob es bei der Gründung der Wartburg so oder anders zugegangen ist; für Künstler ist bei Bedarf auch die Sage wahr.

Die Historiker haben es mit der frühen Geschichte der Wartburg entschieden schwerer gehabt, noch schwerer mit dem Gründer des Nationalheiligtums, mit Ludwig dem Springer. Wenige Gestalten der mittelalterlichen deutschen Geschichte sind so unbekannt und vertraut zugleich wie Ludwig der Springer. Die zeitgenössischen Quellen wissen auffallend wenig von ihm, auffallend ausführlich aber erzählen spätere Geschichtsschreiber von seinem Leben, von seinen Taten und vom Erwerb seines Beinamens. Ausführlich, liebevoll und – wie die Quellenkritik ergeben hat – märchenhaft. Die Mönche des thüringischen Klosters Reinhardsbrunn, das Ludwig der Springer im Jahre 1085 gegründet hat, fühlten sich dem Stifter ihres Hauses und seiner Familie so verpflichtet, daß ihre ›Annales Reinhardsbrunnenses‹ sogar kriminelle Taten des Grafen in ein sehr mildes Licht tauchten. Die Erfurter Annalen, spätere »düringische« Chroniken und Lokalsagen haben weitere Immortellen zu dem Sagenkranz beigesteuert, der die Vita Ludwigs des Springers umrankt. Kein Wunder, daß er im 19. Jahrhundert wiederholt zum Dramenhelden avanciert ist, neben Luther zur Hauptgestalt im Histörchen-Repertoire der Wartburg-Führer. Moritz von Schwind steuerte romantische Anschauung bei.

Es sind vor allem drei Ereignisse im Leben Ludwigs des

Springers – fast wahr, halb wahr, unwahr –, die man in thüringischen Klöstern und in späteren Romanen ausgesponnen hat: Da ist zunächst die Erbauung der Wartburg, die zwar mit großer Wahrscheinlichkeit von ihm betrieben, aber (natürlich) nicht durch den Schelmenstreich ermöglicht wurde, den die Eisenacher Sage kolportiert: Um seinen festen Entschluß – Wart nur, Berg! – zur Errichtung der Burg hier und nirgendwo anders wahrmachen zu können, habe Ludwig im Jahre 1067 Erde aus seinen Landen auf den Berg transportieren lassen und sodann, mit dem Recht des Listigeren, schwören können, daß der Berg zu seiner Herrschaft, nicht zu der des eigentlichen Besitzers gehöre. – Auf leichten Sand also wäre die Burg gebaut, die in den Herzen der Deutschen als Luthers »feste Burg« und Wagners »heilige Halle« so tief verwurzelt ist. Jedenfalls hat sich Ludwig der Springer mit der Erbauung der Wartburg – so dürftig die Feste zunächst auch aussah – um das Vaterland verdient gemacht.

Weniger rühmlich ist das zweite vielerzählte Ereignis im Leben des Grafen, die Kriminal-Geschichte seiner Brautwerbung. Ludwig der Springer wurde von heftiger Liebe zu Adela, der reichen und schönen Gattin des Pfalzgrafen Friedrich von Sachsen, ergriffen, und seine Leidenschaft fand Gehör: Man war sich einig, der Pfalzgraf störte nur. Deshalb veranstaltete Ludwig – auf den Rat Adelas, wie die Reinhardsbrunner Annalen vermelden – eine Jagd an der Unstrut, bei der Pfalzgraf Friedrich, leicht bekleidet aus dem Bade steigend, von Ludwig eigenhändig absichtsvollversehentlich »erlegt« wurde. Frau Adela blieb nicht lange Witwe.

Wie der Historiker Knochenhauer – einfühlsamer, als sein Name vermuten läßt – nachgewiesen hat, sind die Reinhardsbrunner Annalen in diesem Falle der geschichtlichen Wahrheit ungewöhnlich nahegekommen. Bezweifelt werden muß nur die *direkte* Täterschaft Ludwigs. Wahrscheinlicher ist, daß er sich zwei Mörder gedungen hat.

Die Ehe des skrupellosen Paares, ähnlich illegal gegründet wie die Wartburg, erwies sich – wie die Wartburg – als ungewöhnlich stabil; und fruchtbar dazu. Ludwig der Springer wurde für die Tat erst zur Rechenschaft gezogen, als sein Stiefsohn Friedrich, der zum Zeitpunkt der Tat noch ungeborene Erbe des Ermordeten, mannbar geworden war, und Reue hat er auch erst sehr spät bekundet. Die Stiftung des

Klosters Reinhardsbrunn soll das Ergebnis seiner moralischen Einkehr gewesen sein.

Die Legende aber – und damit kommen wir zum dritten »Hauptereignis«, zum Kernpunkt der »Springer«-Geschichte – verlangte für den Mord eine raschere Sühne: Kaiser Heinrich der Vierte habe Ludwig nicht lange nach dem Mord an Pfalzgraf Friedrich auf der Feste Giebichenstein an der Saale festsetzen lassen. Bevor jedoch das kaiserliche Todesurteil an Ludwig vollstreckt werden konnte, rettete sich der gut trainierte Graf durch einen phantastischen Sprung über die Burgmauer in die Freiheit. Ob er zu Pferde oder »mittels eines windfangenden Gewandes« hinab in die Saale oder über die Saale gelangte, das weiß auch die Sage nicht so genau. Ihre Varianten sind sich einig im Rühmen einer wahrhaft olympischen Leistung – uneinig über die sportliche Disziplin, der der Sprung zuzurechnen ist: Springreiten oder leichtathletischer Hochsprung? Stabhochsprung? Dreisprung? Vielleicht sogar Segelfliegen?

Wir fassen zusammen: Historisch haltbar sind der Mord an Pfalzgraf Friedrich, die Eheschließung mit dessen Witwe Adela und die um Jahrzehnte spätere Rebellion des Stiefsohnes gegen den Mörder; unhaltbar das kaiserliche Gericht und Todesurteil, ebenso die Haft auf Giebichenstein und natürlich der rettende Rekordsprung.

Ludwig der Springer ist – sehr im Unterschied zur Stellung, die ihm die Sage zuschreibt – in der Reichspolitik des 11. und frühen 12. Jahrhunderts ein kleines Licht gewesen. Zu Zeiten Kaiser Heinrichs des Vierten wird er kaum je erwähnt, und erst im Jahre 1114, also drei Jahrzehnte nach dem gewaltsamen Ende des sächsischen Pfalzgrafen Friedrich, ist er tatsächlich eingekerkert worden: Kaiser Heinrich der Fünfte ließ Ludwig den Springer aus nicht sicher geklärtem Grund während der kaiserlichen Hochzeitsfeier zu Mainz in Fesseln werfen und fast drei Jahre lang gefangenhalten. Wo Ludwig die Haft verbüßte, ist ungewiß. Die Sage von der Haft auf Giebichenstein aber scheint in dieser Affäre ihre historische Wurzel zu haben.

Woher jedoch die Geschichte vom rettenden Sprung? Die sportliche Glanzleistung, von der noch neuzeitliche Geschichtsschreiber arg- und kritiklos den Beinamen des Grafen hergeleitet haben, hat nie stattgefunden, sondern ist erst Jahrhunderte später zur Erklärung des Beinamens an thüringischen Kaminen gesponnen worden: Die ›Düringische Chronik‹ des Johannes Rothe hat die thüringische Heimatkunde mit diesem Phantasieprodukt angereichert.

Wenn also die Geschichte vom Sprung jünger als der Beiname ist – wie erklärt sich dann Ludwigs Beiname? Die Annalen des ludowingischen Hausklosters Reinhardsbrunn wissen nichts vom »Springer«, und es ist nachgewiesen worden, daß alle scheinbar zeitgenössischen und frühen Erwähnungen Graf Ludwigs als *Saltator* (Springer) erheblich später eingefügt wurden, daß der Beiname erst im 15. Jahrhundert aufgetaucht ist. Auch die freundlich-naive Passage einer ›Thüringischen Chronik bis 1322‹: »Disen his man den springer, den er ubet sich mit springen«, hat sich als späterer Zusatz eines Quellen-Kopisten herausgestellt …

Eine gern aufgegriffene Theorie, die der Sachsenhistoriker Wachter entwickelt hat, geht von der Entstellung des Wortes *Salius* zu *saliens* in den Quellen aus. Aus der Nennung Ludwigs als eines aus dem Fränkischen stammenden »salischen« Grafen sei die Verballhornung zum »springenden« Grafen entstanden: *Salii* = Hüpfer. Diese Erklärung ist angenehm plausibel, aber fraglich; denn nicht nur der oft weitergereichte Bericht der Reinhardsbrunner Annalen, daß Ludwigs Vater (Graf Ludwig mit dem Barte) als ein Verwandter Kaiser Konrads des Zweiten aus Franken und Thüringen gekommen sei, ist unbewiesen. Auch der Beiname *Salius* findet sich, wie Theodor Knochenhauer ermittelt hat, in »keiner gleichzeitigen oder abgeleiteten Quelle«.

Woher also der Beiname? Wir wissen es nicht. »Der Springer« bleibt eines der klassischen Beinamen-Kuriosa, maßgeschneidertes Unsinns-Exempel für alle puristischen Historiker, die jeden nicht-zeitgenössischen Beinamen auf den Index setzen möchten. Aber es ist gottlob kaum anzunehmen, daß Ludwig *der Springer* nach fünf Jahrhunderten noch totzukriegen ist.

Wir wollen noch an den thüringischen Kaminen bleiben. Ludwig der Springer hinterließ bei seinem Tode – er starb 1123 etwa achtzigjährig als Mönch zu Reinhardsbrunn – drei Söhne und drei Töchter, und so kam es, daß sein Geschlecht (die »Ludowinger«) immer fester Fuß im Thüringischen faßte. Des Springers Enkel, Landgraf Ludwig der Eiserne (gestorben 1172), hat sich bei der Durchsetzung der landgräflichen Macht besonders hervorgetan: »Dieweil er vil heimlich veinde uberkam, dingete er stetes gewappnete menner. Darumb wardt er der eiserne Landgrafe genannt«, berichtet die schon erwähnte ›Chronik bis 1322‹.

In der Erzählung der Eisenacher Dominikaner des 15. Jahrhunderts taucht dann zum erstenmal die populäre und mit ihrem später formulierten Kernsatz Büchmann-fähige Geschichte vom Schmied zu Ruhla auf. Beim Schmieden des Eisens hat der wackere Mann so eindrucksvoll rhythmisch auf die Milde des Landgrafen geschimpft, daß dieser – unerkannter Gast des Schmiedes – sich auf der Stelle entschloß, von nun an gegen die Feinde des Landes hart durchzugreifen. Die Mahnung des Schmieds »Landgraf, werde hart!«, so erzählte man in thüringischen Wirtshäusern, hat aus Landgraf Ludwig dem Zweiten den »Eisernen« gemacht.

Die lehrreiche Fabel meinte: Regierende Herren sollten hier und da auf den Mann am Amboß hören.

Buckel im Gemüt
Gottfried der Höckrige

Als sich der alte Herzog Gottfried der Bärtige von Niederlothringen zum letztenmal auf seinem Sterbelager aufrichte-
te, seinen Bart zupfte und in die Runde blickte, erfüllte ihn
Genugtuung. Er hatte nicht nur seit dreißig Jahren als einer
der Mächtigsten im Reiche mal kaiserlich, mal päpstlich und
dabei natürlich immer im eigenen Interesse gefochten, sondern er hatte auch rechtzeitig die Fortdauer seiner lothringischen und italienischen Position eingefädelt. Hier, zur Rechten des Sterbenden, stand der junge Gottfried, sein Sohn, der
leider klein und bucklig geraten war, aber doch ein Kerl zu
werden versprach. Und dort, zur Linken, stand die stolze
Jungfrau Mathilde, die Stieftochter des Herzogs und Tochter der Herzogin Beatrix aus deren erster Ehe. Diese Mathilde würde dereinst eine der reichsten Erbinnen des Abend-
landes sein. Gottfried der Bärtige lächelte zum letztenmal,
als er an die von ihm längst arrangierte Verlobung des Sohnes mit der Stieftochter und an die nun bevorstehende
Hochzeit der beiden dachte: Macht und große Besitztümer
würden da zusammenkommen, Einfluß und Reichtum...
und dann verschied der Herzog.

Fromme klösterliche Berichterstatter wogen seine Taten
und nannten die Habgier den Grundton seines Wesens. Bei
ihren Erwägungen, ob er wohl dennoch das Himmelreich
erlangen würde, mußte freilich vorläufig ein Umstand außer
Betracht bleiben, der postum Herzog Gottfrieds Sündenpa-
ket noch zusätzlich befrachten sollte: Die von ihm befohlene
pragmatische Eheschließung zwischen seinem Sohn Gottfried und der hochmütigen Stieftochter, die noch im Todesjahr des alten Herzogs 1069 stattfand, erwies sich als eine
schlimme Mesalliance und zerrüttete in der Folge gründlich
den Seelenfrieden des jungen Herzogs.

Der mißgestaltete Gottfried, dem die zeitgenössischen
Chronisten den ebenso erbarmungslosen wie zutreffenden
Beinamen *Gibbosus*, deutsch »der Bucklige«, häufiger »der
Höckrige«, gegeben haben, erwarb zwar mit dieser Heirat
zu dem lothringischen Herzogtum die Titel eines Markgra-

fen von Tuszien und Herzogs von Spoleto, er geriet aber zugleich in die zermürbende und demütigende Rolle des nicht-erhörten Gatten. Allem Anschein nach nämlich hat Mathilde, hochfahrend, frömmelnd, wahrscheinlich auch ein bißchen maskulin, dem verwachsenen Ehemann nicht nur ihr Herz, sondern auch ihre Kemenate verschlossen: Verständlich, daß das einen Knacks im Gemüt des Herzogs verursachen mußte. Zum äußeren Höcker kam ein innerer Stachel.

Die Herzogin Mathilde floh aus Lothringen in ihre ererbten italienischen Stammlande und geriet dort mehr und mehr in den »Zauberbann« des ehrgeizigen Papstes Gregor, der sich in der Folge – der Leser erinnert sich an das Stichwort »Investiturstreit« – mit dem deutschen Kaiser Heinrich dem Vierten so welthistorisch angelegt hat. Trotz »umständlicher und unanständiger« (so Friedrich von Raumer) Historikertüfteleien ist niemals geklärt worden, ob Frau Mathilde »zeitlebens Jungfrau geblieben« ist. Ach, wie denn auch! Wenn schon Gottfried der Höckrige unerhört geblieben ist, hat dann vielleicht – das behaupteten Antipapisten und bestreiten die seriöseren Historiker – Papst Gregor der Siebente »Buhle« sein dürfen? Oder ist wenigstens, nach Gottfrieds Tod, Mathildes zweiter Ehemann, Welf der Dicke von Bayern, zu seinen Rechten gekommen?

Auch diese zweite Ehe übrigens ist die Herzogin aus durchsichtigen taktischen Beweggründen, im Interesse der päpstlichen Politik, eingegangen. Der rundliche Herzog Welf war siebzehn Jahre alt, als er im Jahre 1089 die damals 43jährige Mathilde heiratete: eine Blüte der Heiratspolitik. Sechs Jahre später, als seine allgemein bespöttelte Ehe aufgelöst wurde, hat er öffentlich versichert, Mathilde nie berührt zu haben.

Aber wir haben vorgegriffen. Anders als nach ihm der unbekümmerte Halbwüchsige Welf, der sich bei der ihm befohlenen Eheschließung erotische Freuden ohnehin kaum ausgemalt haben dürfte, schluckte Herzog Gottfried der Höckrige von Niederlothringen zeit seines Lebens an der Schmach seiner unvollzogenen Ehe. Er litt an dieser Ehefrau, die seine Mißgestalt verachtete, die ihm durchgebrannt war und den Papst anbetete, die als mächtige »Schiedsrichterin von Italien« selbständig den Herrschaftsbereich ausfüllte, der ihm von seinem Vater – eben durch diese Heirat – zugedacht worden war. Mathilde wuchs sich für Gottfried vollends zu einem Komplex aus, als er 1073 während eines Italienfeldzuges einen behutsamen Annäherungsversuch unternahm und von der Herzogin schroff abgewiesen wurde. Gottfrieds Reaktion darauf war die entschiedene Abkehr von der Politik seines Vaters, war seine Wendung gegen den Papst und sein Engagement für die kaiserlichen Belange. Mit der Nun-gerade-Trutzigkeit des Gedemütigten focht er fortan für Kaiser Heinrich und das vom Intimus seiner Ehefrau, von Papst Gregor, so zerrissene Imperium Romanum. Gottfried der Höckrige wurde zum verläßlichsten Gefolgsmann des Kaisers, und einstimmig war das Lob, das ihm die zeitgenössischen Geschichtsschreiber zollten: »So klein der Herzog am Körper gewesen ist«, schrieb zu Maastricht der Chronist Jocundus, »um so mehr hat er an Kraft des Geistes, an ausgezeichneter Rechtschaffenheit die fürstlichen Genossen im Reiche hinter sich gelassen.« Gottfrieds Ehe-Desaster (letztlich vielleicht seinem Buckel) dankte Kaiser Heinrich Lothringens Hilfe.

Aber es war ein allzugroßes Maß des Einsatzes, des Tatendrangs, das Gottfried auf seinen Höcker lud. Auf einem seiner zahlreichen, eiligen Kriegszüge – er führte ihn diesmal nach Friesland – erfüllte sich auf schauerliche Weise das Geschick des Ruhelosen. »Er war bei nächtlicher Weile«, liest man in den ›Jahrbüchern des Deutschen Reiches‹, »während alles schon im Schlafe lag, aus dem Hause gegangen, um ein natürliches Bedürfnis zu verrichten, als ein Meuchelmörder das Schwert ihm von unten her in den Leib stieß ...« Der Schwerverletzte wurde noch auf ein Schiff und nach Utrecht gebracht. Dort starb er am 26. Februar 1076.

Wer der Mörder oder der Anstifter des Mordes gewesen ist, wurde nie zweifelsfrei ermittelt. Angeklagt hat man die Feinde des Herzogs, denen sein Kriegszug galt, Robert den Friesen und den Grafen Dietrich. Verdächtigt aber hat man auch – nach dem Prinzip des *cui bono* – die Herzogin Mathilde, der der Tod des verhaßten (und ihre Freiheit beengenden) Ehemannes und Gegners sehr gelegen kam. Und während der arme, der tapfere und ehrenwerte Höckrige sein qualvolles Ende fand, bahnte sich im Investiturstreit jener genüßliche Triumph der päpstlich-mathildischen Partei an, der als »Canossagang« des Kaisers Heinrich sprichwörtlich geworden ist.

Frau Mathilde trat auf einen Söller ihrer Burg Canossa hinaus und blickte nach Norden, woher die gute Todesnachricht gekommen war. Sie lächelte, denn sie war eine fröhliche Witwe.

Variationen über eine Redensart
Heinrich Jasomirgott

»So wahr mir Gott helfe« schwören – je nach Stimmlage und Überzeugung brusttönend oder verhalten – noch heutzutage deutsche Minister, wenn sie ihr Amt antreten. Mit einem alpenländisch-kehligen »Ja so mir Gott« oder »Joch so mir Gott« pflegte vor achthundert Jahren der bayerische, später österreichische Herzog Heinrich der Zweite seine Reden zu beschließen und seine Aussprüche zu bekräftigen. Er scheint diese Wendung so konstant und so auffallend gebraucht zu haben, daß sie – kaum anders als der Buckel für Gottfried den Höckrigen – zum besonderen Kennzeichen des Herzogs geworden ist. Die Zeitgenossen amüsierten sich darüber: Der Weg zum Spitznamen war nicht weit.

Weiter, so scheint es, war der Weg zum historisch dauerhaften Beinamen. Erst im dreizehnten Jahrhundert, viele Jahrzehnte nach dem Tode Herzog Heinrichs, wird der Beiname »Jasomirgott« in österreichischen Quellen, zuerst im ›Auctarium Vindobonense‹, erwähnt. Aber er hat sich dann zügig und auf der ganzen Linie durchgesetzt. Wie könnte man auch angesichts der vielen zeitgenössischen Heinriche auf eine so farbige Erkennungsmarke verzichten?

Dieser Marke selbst, der beinamenprägenden Redensart des Herzogs, hat man freilich wenig Aufmerksamkeit gewidmet. Kaum daß man den fragmentarischen Charakter des Spruchs recht registriert hätte. Denn dieses »Ja so mir Gott« ist schließlich ein syntaktischer Torso; es fehlt das Verbum, die eigentliche Aufforderung, wie sie in der Eidesbekräftigung unserer Minister präzisiert ist. Gewiß, die Komplettierung zur Petition durch das »helfe« ist auch bei Heinrichs Spruch naheliegend: Herzog Heinrich hat seine Lieblingsredensart sicherlich zuerst in diesem Sinne gebraucht. Dann aber hat sich, wie man vermuten darf, der Spruch durch allzu häufige Benutzung von seinem eigentlichen Sinn gelöst und zu einem Kraftwort entwickelt, das schließlich seltener Gottvertrauen als männliche Entschlossenheit bekundete: »Ja so mir Gott«, sagte der Herzog nun nicht mehr mit einem Blick nach oben, sondern statt »Zum Kuckuck«; nicht mehr allein bei schicksalhaften Entscheidungen, sondern auch wenn er den Humpen erhob.

Heinrich Jasomirgott aus der Familie der Babenberger war der Sohn des Markgrafen Leopold des Heiligen von Österreich, Enkel Kaiser Heinrichs des Vierten, Halbbruder König Konrads des Dritten, Onkel des Kaisers Friedrich Barbarossa, Schwiegersohn Kaiser Lothars des Dritten und – seit seiner zweiten Heirat – Schwiegersohn des byzantinischen Kaisers Manuel. Durch seine erste, kurze Ehe mit Gertrud, der Witwe Herzog Heinrichs des Stolzen von Bayern, war er zugleich der Stiefvater seines lange Zeit gefährlichsten Gegners, Heinrichs des Löwen. Und schließlich: er war der Bruder des größten Historikers seiner Zeit, des Bischofs Otto von Freising ... »Ja so mir Gott«, sprach Herzog Heinrich mit gekrauster Stirn, »so viele prominente Verwandte und doch nur Ärger mit der Sippschaft!«

Heinrich der Löwe nämlich beanspruchte das Herzogtum Bayern, das seine Mutter dem Jasomirgott, ihrem zweiten Ehemann, hinterlassen hatte, und Kaiser Friedrich Barbarossa ergriff im Streit um Bayern nicht etwa die Partei seines Onkels, sondern die des Löwen. Herzog Heinrich Jasomirgott hatte in diesen Jahren einige Schicksalsschläge zu verkraften: Da er sich die Freiheit genommen hatte, militärisch gegen die renitente Bischofsstadt Regensburg vorzugehen, wurde er vom Papst exkommuniziert. Von dem Kreuzzug, dem er sich danach reuig (»Ja so mir Gott vergebe!«) angeschlossen hat, brachte er neben ehrenvollen, vor Damaskus erworbenen Wunden immerhin Kaiser Manuels Tochter Theodora als Ehefrau mit.

Sein Lieblingsspruch aber hatte sich schon vor dem orientalischen Abenteuer auch für den Fluchgebrauch bewähren müssen: die Niederlage, die ihm und seinen Rittern ein ungarisches Heer 1146 an der Leitha beibrachte, war so komplett und fürchterlich, daß Heinrich selbst nur mit knappster Not entkam. Das »Ja so mir Gott«, das man in der Schlacht und bei der überstürzten Flucht von ihm zu hören kriegte, klang ausgesprochen heidnisch.

Es ist nicht überliefert, ob der Bischof Otto von Freising seinem Bruder Heinrich den säkularisierten Gebrauch eines frommen Spruches verwiesen hat. Bekannt ist nur, daß die beiden zeitweilig nicht gut miteinander standen. Immerhin hatte Heinrich seinerseits Grund zur Verstimmung. Bruder

Otto pries nämlich die »Taten Friedrichs«, des Kaisers Barbarossa, für die Nachwelt in den höchsten Tönen und sanktionierte auch den kaiserlichen Ratschluß, das Herzogtum Bayern dem Jasomirgott wegzunehmen. Das »Ja so mir Gott«, mit dem Herzog Heinrich die kaiserlichen Vorladungen zu mehreren Reichstagen kommentierte, muß stark dem Götz-Zitat geähnelt haben.

Trotzdem mäßigte Heinrich am Ende sich und seinen Spruch: Der Kaiser entschädigte ihn durch die Belehnung mit Österreich für den Verlust Bayerns so reichlich, und er räumte ihm so ungewöhnliche Privilegien ein, daß Kenner das herzogliche »Ja so mir Gott« aus diesem Anlaß als »Wer hätte das gedacht!« interpretierten. Mit Frau Theodora residierte der Herzog fortan im damals noch wenig bekannten Wien: »Ja so mir Gott, hier läßt sich's leben«, soll er, wie eine fragwürdige Wiener Kaffeehausüberlieferung berichtet, damals ausgerufen haben. In der Tat haben die Wiener dem Herzog viel zu danken, und nicht zufällig hält das Deckengemälde im Wiener Heeresmuseum den historischen Augenblick der Belehnung Jasomirgotts mit Österreich durch Friedrich Barbarossa so monumental fest. Auch ein Denkmal hat man ihm in der Stadt errichtet, die durch ihn ihre Karriere als Residenz begonnen hat.

Leider hat Heinrich Jasomirgotts Leib- und Magenspruch die wienerisch-heitere Färbung nicht dauerhaft bewahren können. Bei einem spätherbstlichen Feldzug in die böhmischen Wälder stürzte der Herzog so unglücklich vom Pferd, daß er an den dabei erlittenen Verletzungen im Januar 1177 gestorben ist. Nie war das »Ja so mir Gott« Heinrich Jasomirgotts zweifelsfreier zu deuten als bei diesem böhmischen Pferdesturz: Es hieß »Verflucht noch mal!«

Rötlicher Schimmer
Friedrich Barbarossa

Der neben Karl dem Großen volkstümlichste deutsche
Herrscher des Mittelalters, Friedrich der Erste (Kaiser von
1152 bis 1190), trägt auch den populärsten aller Beinamen.
Mehr noch, sein Beiname hat dem eigentlichen Namen fast
den Rang abgelaufen und dominiert nicht nur in Volksbü-
chern und -liedern, sondern auch in zahlreichen Geschichtswerken vor dem Fridericus. Und wenn das Gespräch – in
unseren kaiserlosen Tagen freilich seltener – auf Kaiser
Friedrich den Ersten kommt, so gebraucht man meistens
lapidar den einprägsamen Beinamen, der so anschaulich nach
ritterlichem Waffengerassel klingt: Barbarossa. Besonders
originell reimte Heinrich Heine den Beinamen des Mächtigen:

> Wohl mancher, der sich geborgen geglaubt,
> Und lachend auf seinem Schloß saß,
> Er wird nicht entgehen dem rächenden Strang,
> Dem Zorne Barbarossas!

Dabei ist die italienische Originalfassung des Beinamens in
der Literatur keineswegs einhellig verwendet worden. Friedrich »Barbarossa« erscheint, besonders in den Geschichtsbüchern des 18. und 19. Jahrhunderts, auch als Friedrich »der
Rotbart«, »der Rotbärtige« oder »mit dem roten Bart«. Dennoch hat sich der cisalpine Beiname des transalpinen Herr-
schers endgültig durchgesetzt. Daß der Name in Italien ent-
stand, ist beileibe kein Zufall, denn der schwäbisch-staufi-
sche Kaiser hat häufig genug die Alpen überquert, um nach
dem Gebot der Kaiseridee auch in Italien Macht auszuüben.
Der junge, wenig mehr als dreißigjährige Kaiser kam so ge-
wichtig, so furchterregend von den Bergen herab, daß sich
sein Bild – das Bild eines kräftigen, herrscherlichen Mannes
mit rötlich schimmerndem Blondbart – den zwischen Angst
und Trotz schwankenden Italienern schnell und gründlich
einprägte. »Barbarossa« nannten sie den Schreckensmann,
der nun, um die Mitte des 12. Jahrhunderts, gegen das Papst-

tum und gegen die eigenständig-stolzen Städte der Po-Ebene den kaiserlichen Herrschaftsanspruch wiederaufrichten wollte.

»Friedrich war von der Natur mit besonderen Gaben zum Herrscher ausgestattet«, folgert der Kaiser-Spezialist Giesebrecht an Hand der zeitgenössischen Quellen. »Schon seine äußere Erscheinung war ebenso anziehend als imponierend ... Das Antlitz war von großer Regelmäßigkeit und hatte einen so ruhigen Ausdruck, daß er selbst bei heftigen Gemütsbewegungen zu lächeln schien; die weiße Gesichtsfarbe mit durchscheinender Röte, die rotblonde Farbe des welligen Haupthaars und Bartes, die lichten Augen von hellem Glanz und die blendend weißen Zähne gaben seiner Erscheinung etwas eigentümlich Leuchtendes ...«

Wie eine Leuchtspur erschien freilich auch die Route seiner meisten Italienzüge: Friedrichs blonder Bart schimmerte noch rötlicher als gewöhnlich in dem Blutbad, das seiner Kaiserkrönung zu Rom folgte, und er leuchtete so rot wie nie zuvor, als das mächtige Mailand 1166 von ihm erbarmungslos niedergebrannt wurde. Es war ein Bart zum Fürchten, und nicht allein den Italienern war er unheimlich. Als nämlich Friedrich seine rötlich-blonden Bartlocken auch im Norden des Reiches blicken ließ, mußte selbst der finster-mächtige Herzog Heinrich mit dem Löwen-Habitus das Feld räumen. Der andere große Herzog, unser Heinrich Jasomirgott, knurrte seinen Standardfluch in den eigenen Bart, und Albrecht der Bär, von dem wir noch hören werden, sammelte seinen Honig wohlweislich in weiter Distanz zum Kaiser.

Bei alledem hielt sich Friedrich Barbarossas kriegerischer Ehrgeiz doch meistens so weit in den Grenzen des politisch Notwendigen, daß sich sein eigener sanfter Beinamen-Anspruch halbwegs mit der Vielzahl seiner Feldzüge und Schlachten ausbalancieren läßt: Er selbst wollte schon 1157 als »Pacificus«, als Friedrich »der Friedensbringer« begriffen werden. Ein nobler Anspruch, der südlich der Alpen natürlich auf wenig Verständnis hoffen konnte, der in Deutschland aber akzeptiert und in späteren Jahrhunderten, besonders in den Tagen der napoleonischen Fremdherrschaft, immer mehr überhöht wurde. Der kriegsmächtige, aber friedenstiftende »alte Barbarossa und Kaiser Frie-de-rich« wurde von der Volkssage aus dem fernen Antiochia, wo man ihn nach seinem Kreuzzugstod 1190 begraben hatte – ach, daß er auch dieses verhängnisvolle türkische Bad im Flusse Saleph nehmen mußte! – in den heimischen Kyffhäuser überführt. Dort dachte man ihn sich geduldig auf die große Stunde einer Wiederkehr harrend, einer Wiederkehr als Deutschland einigender »Pacificus«.

Und sein mächtiger, noch immer nicht angegrauter Bart, der ihm einst den Beinamen eingetragen hatte, symbolisiert in der Kyffhäuser-Sage nun seine männlich-herrscherliche Kraft. Er hat sich wie ein roter Brand durch den Marmortisch hindurchgebohrt, vor dem der Kaiser sitzt und harrt. Friedrich Rückert hat, wie viele andere Poeten, die Sage in Verse gebracht:

> Er nickt als wie im Traume,
> Sein Aug halb offen zwinkt;
> Und je nach langem Raume,
> Er einem Knaben winkt.
>
> Er spricht im Schlaf zum Knaben:
> »Geh hin vors Schloß, o Zwerg,
> Und sieh, ob noch die Raben
> Herfliegen um den Berg.
>
> Und wenn die alten Raben
> Noch fliegen immerdar,
> So muß ich auch noch schlafen
> Verzaubert hundert Jahr.«

Kein Motiv des deutschen Kaiser-Mythos ist im vorigen Jahrhundert so strapaziert worden wie Barbarossas »Heldenschlaf«, und selbst wer niemals ein Geschichtsbilderbuch aufschlug, kannte es, beispielsweise, als Stickmuster oder Zierde seines Bierkrugs.

Die Historia vom Hertzog zu Braunschweyg
Heinrich der Löwe

> In der sächsischen cronica
> Find man wahrhafft geschrieben da,
> Als man zelet eylfhundert jar
> Und viertzig, als ein hertzog war,
> Regiert zu Braunschweyg in dem landt
> Hertzog Heinrich, der löw genannt ...

So hebt der Nürnberger Schuhfabrikant Hans Sachs an, die sehr erstaunliche Geschichte von Heinrich dem Löwen »zu gedechtnuß« und als ein »schön beyspiel« zu erzählen: eine »Historia«, die mit der Historie wenig zu tun hat – wohl aber mit dem Beinamen des Herzogs.

Was Hans Sachs und sein Zeitgenosse Heinrich Göding »eine schöne alte Historia« nennen und was die beiden Poeten in knittelig-holprige Verse gebracht haben, das ist die alte niedersächsische Mär von Heinrich dem Löwen, die im Mittelalter wie auch in der frühen Neuzeit weit verbreitet und sehr beliebt war. Mehr als ein Dutzend sehr verschiedene Fassungen sind überliefert.

Zwei Anlässe scheinen (nach Karl Hoppe) beim Entstehen dieser volkstümlichen Sage Pate gestanden zu haben: zum einen der sehr ungewöhnliche Entschluß des Herzogs Heinrich von Bayern und Sachsen (1129 bis 1195), im Hof seiner Burg Dankwarderode zu Braunschweig jenes erzene, auch heute noch als städtische Attraktion bewunderte Löwenstandbild zu errichten (1166); zum anderen die Kreuzfahrt, die der Herzog 1172 ins Heilige Land unternommen hat. Beide Ereignisse regten die Phantasie der Zeitgenossen so reichlich an, daß die historischen Fakten bald von üppigem Rankenwerk sagenhafter Umdeutung und Ausschmückung überwuchert wurden. Zahlreiche Motive summierten sich in der ›Historia vom Hertzog Heinrich‹, die im Spruchgedicht des Hans Sachs (1562) diesen Inhalt hat:

Heinrich, »ein streitbar fürst, sieghaft und kön«, wird bei der Überfahrt ins Heilige Land durch ein »groß ungestümb« mit seinem Schiff verschlagen und hat sich zunächst eines räuberischen Greifen zu erwehren. In wilder Einöde sieht er sodann »ein löwen kämpffen mit eim trachen«, der mit »seinem schwantz« den armen Löwen »umbschlungen« hält. Heinrich schlägt dem Drachen den Kopf ab und sichert sich damit die Anhänglichkeit und Hilfe des Löwen, der fortan »bey im wonet tag und nacht« und ihn mit Nahrung versorgt. Sieben Jahre vergehen so, man hält den Herzog für tot, und in der Heimat rüstet »sein gemahel, fromb und schön« zu neuer Heirat. Davon unterrichtet den Herzog in der Einöde der Teufel. Er erbietet sich in eher christlicher als satanischer Haltung, Heinrich samt Löwen über Nacht nach Braunschweig zu bringen, was der Herzog gern akzeptiert. Als Bettler wie weiland Odysseus erscheint Heinrich im Schloß, wo bereits das Hochzeitsmahl gerichtet ist, und durch ein »halb goldfingerlein« gibt er sich seiner Frau zu erkennen. Jetzt wird der Totgeglaubte mit »grosser freud« und »grosser reverentz« empfangen, sein Weib umarmt ihn, der nun überflüssige Bräutigam wird mit »ein jungs fräwlein« getröstet, und man feiert und pflegt »schön kurtzweyl« am herzoglichen Hof zu Braunschweig. Den Löwen aber behält der Herzog sein Leben lang bei sich:

> Und wo der fürst auch reitt zu hof,
> Der löw allmal auch mit in loff;
> Zu nacht lag er vor der saalthür
> Und wacht als ein wechter darfür ...

Dem Löwen zum »gedechtnuß« läßt der Herzog eine Stadt »Löwenburg« errichten, und als der »alte fürst« gestorben ist, legt sich der treue Löwe traurig auf sein Grab:

> Wolt auch nicht mehr essen und trincken,
> Vor hertzleyd thet in den todt hinsincken.
> Derhalben nennt man darnach eben
> Diesen hertzog Heinrich den löwen ...

So weit Hans Sachsens Geschichte und die – beiläufig mitgelieferte – Theorie zur Entstehung des Beinamens. Der Nürnberger Meisterpoet ist mit seiner »Derhalben«-Folgerung von der Wahrheit gar nicht so weit entfernt; denn sowenig natürlich die von ihm erzählte »Historia« mit der Biographie und Persönlichkeit Heinrichs des Löwen zu tun hat, so maßgeblich hat doch die populäre Löwensage zur Durchsetzung des Beinamens »der Löwe« beigetragen.

Herzog Heinrich der Löwe, Enkel Heinrichs des Schwarzen und Sohn des Bayernherzogs Heinrich des Stolzen (dieser Beiname ist, anders als »der Schwarze«, zeitgenössisch), hat mit Löwen entschieden mehr zu tun gehabt als König Heinrich der Vogler mit Vögeln. Schon Heinrichs Vater, der hochmütige »Stolze«, wird in zeitgenössischen Chroniken als *leo* (Löwe) bezeichnet, sein Onkel Welf der Sechste führte einen Löwen im Siegel, und Heinrich selbst erscheint in den Quellen als *Heinricus Leo*. Sein Wappen sowie Braunschweiger Münzen des 12. Jahrhunderts zeigen das Löwensymbol, das man folglich dem Geschlecht der Welfen als Sinnbild, nicht aber dem Herzog als persönliches Attribut zuordnen muß. Dieser Familientradition entspricht die Gründung der Stadt »Löwenburg« durch Heinrich – ein historisch richtiges Detail in Hans Sachsens Gedicht – und natürlich die sehr selbstbewußte Errichtung des ehernen Löwenstandbildes zu Braunschweig. Trotz der zeitgenössischen Erwähnung als *Heinricus Leo* hat sich – ein seltener Umweg – der Beiname »der Löwe« für den Bayern-Sachsen-Herzog erst im 15. und 16. Jahrhundert voll durchgesetzt: Nicht der Beiname also hat die Ausformung der Sage inspiriert, sondern erst die Sage hat den Beinamen der Geschichtsschreibung aufgedrängt.

In der Geschichtsschreibung hat Heinrich der Löwe eine ebenso bedeutende Rolle wie in der Volkssage gespielt. Auf ein so einschichtig sympathisches Bild wie das vom Drachentöter und Löwenfreund haben sich aber weder die Historiker noch die in der Behandlung des Herzogs kaum weniger emsigen Dramendichter einigen können. Heinrich der Löwe ist als Nationalheros und zukunftweisender Ostlandreiter, als – gerechter oder ungerechter – »Reichsrebell«, als Verräter und »Zerstörer des Reiches« dargestellt worden, und gern hat man in ihm die Idealgestalt eines herrischblonden Germanen gesehen. Herrisch ist er in der Tat gewesen, ehrgeizig, mutig, tatkräftig, machtgierig und maßlos; Freund, Vetter und Feind des Kaisers Barbarossa, mit dem zusammen er unzählige Male in vielen Stücken über die deutschen Bühnen des vorigen Jahrhunderts geklirrt ist; mächtigster, schließlich gedemütigter Territorialfürst seiner Zeit; Aufrührer und gebannter Flüchtling; Kolonisator und

Gründer von München und Lübeck ... Das alles, nur nicht blond und blauäugig, sondern eher klein und – nach seinen welfisch-italienischen Vorfahren – schwarzhaarig, dunkeläugig und finster blickend. Und nichts ist ihm jemals weniger in den Sinn gekommen als das, was noch vor hundert Jahren vollbärtige Studienprofessoren für Frühformen deutsch-nationaler Politik hielten.

Heinricus Leo ist – alles in allem – ein Mann von quasi »leonischem« Zuschnitt gewesen. Sein Löwenstandbild symbolisierte einen ausgreifenden Herrscherwillen, und sein Löwenbeiname, obwohl erst durch die Hintertür zum ständigen Attribut geworden, paßt gut zu ihm.

Löwenstandbild, Löwenwappen, Löwenmünzen, Löwensiegel – und kein veritabler Löwe in der Geschichte Heinrichs des Löwen? Kein quellenkritisch überlebendes Vorbild für das treue Haustier aus der Volkssage?

Der Historiker Karl Hoppe, der all diese Dinge gründlich durchforscht hat, weist nach, daß Heinrich der Löwe auf jener Kreuzfahrt des Jahres 1172 tatsächlich in den Besitz exotischer Bestien gelangt ist: Ein Sultan schenkte ihm zwei – Leoparden.

Heinrichs des Löwen hartnäckigster Rivale im Norden und
Nordosten des Reiches war der Markgraf Albrecht von Bal-
lenstedt, Herr der Nordmark, später Markgraf von Brandenburg und Erzkämmerer des Reiches – ein sympathischer
Fürst, auf den freilich der Preußen-Enthusiasmus der wilhelminischen Geschichtsschreibung um einige Nuancen zu
stark zurückgestrahlt hat. Man hat ihn, den ersten deutschen
Brandenburger, in die Rolle eines frühen Wegbereiters der
Hohenzollern hineingelobt, und wer vor achtzig Jahren
›Preußens Geschichte‹ von Rudolf Herzog etwa nur diago-
nal las, konnte den Askanier Albrecht leicht für den Urgroßvater des Großen Kurfürsten halten.

»Ein Graf, sehnig und stark« – so Rudolf Herzog als Hi-
storiopoet – »furchtlos und tapfer, der wie ein Bär des Waldes sich auf seine Widersacher stürzte und sie zermalmte:
Albrecht, der Bär genannt. Dem Kaiser [Lothar] hatte er oft
genug gedient mit Leib und Leben, vergeblich aber auf verdienten Lohn geharrt, bis ihm im Jahre 1134 das Los fiel, die
immer wieder gefährdete Nordmark zu schirmen. Furchtba-
re Tatzenschläge tat der neue Markgraf in die anstürmenden
Wenden hinein, warf sie weit über die Grenzen ihres eigenen
Landes, drängte mit siegreichem Schwerte nach … Weiter
stecken wollte er die Grenzen der Nordmark. Hinübergrei-
fen über die Spree, bis zur Oder. Die Länder der Wenden
aufgehen lassen in der jungen, ins Wachstum drängenden
Mark. Ein Traum schwebte ihm vor, den spätere Geschlech-
ter zur Erfüllung bringen sollten. Er aber hatte ihn *zuerst*
geträumt …« Fast überflüssig zu sagen, daß Rudolf Herzog
hier seinem Bären zuviel Zucker gegeben hat: Markgraf Albrecht (etwa 1100 bis 1170) hat sich seinen Beinamen *ursus*,
der Bär, den schon die Zeitgenossen kannten, nicht als
Waldmensch, Zermalmer und Slawenfresser verdient. Er ist,
trotz zahlreicher Gefechte mit den Wenden, im Gegenteil
ein vergleichsweise friedlicher Kolonisator gewesen. Kein
Feuer-und-Schwert-Missionar wie sein Gegner Heinrich der
Löwe, sondern ein Freund unkriegerischer Durchdringung,

einer, der bei allem Ehrgeiz lieber verhandelte und abwartete, der sich Landgewinn durch Kauf- und Erbverträge statt durch Raubzüge sicherte.

Bezeichnend ist der Erwerb der Mark Brandenburg durch Albrecht den Bären. Der Markgraf hatte nachbarlich-freundschaftliche Beziehungen zu dem Wendenfürsten Pribislaw hergestellt, er hatte als Patenonkel die täufliche Mutation des heidnischen Pribislaw zu einem christlichen »Heinrich« unterstützt und dann, nach Jahren der Geduld, geerntet: Pribislaw-Heinrich setzte Albrecht den Bären zum Erben Brandenburgs ein, bevor er 1150 ins Jenseits der Christen einging.

Es war also weniger ein militantes Tatzenschwingen (obwohl er auch diese Übung durchaus beherrschte) als ein geduldiges Tatzenausstrecken, ein starkes Beharren nach Bärenart, das Albrecht das Bären-Ansehen verschaffte; vielleicht auch der Gegensatz zu den welfischen Löwensymbolen. Mit der Wahl des Beinamens für Albrecht ist jedenfalls ein einprägsames Gegensatzpaar entstanden: hie Löwe, dort Bär.

Die beiden Könige des Tierreichs haben sich über viele Jahrzehnte hin angefaucht und zeitweilig gebissen, und wie in der volkstümlichen Rangliste der Tiere hat sich der Löwe im ganzen durchgesetzt: Albrecht der Bär mußte seinen Anspruch auf das Herzogtum Sachsen aufgeben und zusehen, wie Kaiser Friedrich Barbarossa – jedenfalls zu Lebzeiten des Markgrafen – alle Bestrebungen Heinrichs des Löwen stützte. Vom Kaiser wurden dem Bären nur Bärendienste erwiesen. Aber Albrecht hat doch seine Selbständigkeit gegenüber dem Rivalen behauptet und sich in der Altmark und im Osten schadlos gehalten.

Zeitweilig machte der Osten freilich Kummer, wurde die geschickte Siedlungs- und Kolonisationspolitik, der Basisbau für die Hohenzollern, empfindlich gestört. Die Wenden erhoben sich unter Pribislaws Neffen Jaczo und überfielen die Stadt Brandenburg – ein Ereignis, das sich mit einer der gängigsten Lesebuch-Sagen aus der frühen brandenburgischen Geschichte verknüpft hat. Wir wollen die unbewiesene Geschichte in der forcierten Diktion Rudolf Herzogs wiedergeben:

»Doch des Bären Tatze erreichte ihn [Jaczo] schnell. In Eilmärschen kam Albrecht herangebraust, stürmte die Stadt und vernichtete die wendische Macht. Die Havel jagt Jaczo, von den Seinen verlassen, den Tod im Nacken, entlang. Nirgends eine Furt. Fast bricht das Roß unter dem eisengepanzerten Mann zusammen. Hinter ihm, neben ihm, um ihn das Kreuzesbanner. Da schreit der Wende in letzter Verzweiflung zum Christengott: ›Herr, hilf! Schaff mich über den Strom, und ich will dir dienen! Hilf, Herr!‹ Gibt seinem Streithengst die Sporen, setzt in den Fluß – und vor den Augen der staunenden Sieger schwimmt das Roß mit seiner Last durch die Flut und erklimmt ein Landhorn am jenseitigen Ufer. *Schildhorn* hieß die Stätte fortan, an der der Wendenfürst seinen Schild aufhing als Zeichen seiner Ergebung an den mächtigen Christengott ...«

In solchen Fällen konnte Albrecht der Bär dann, das findet auch Rudolf Herzog, die zum Schlag schon erhobene Tatze wieder sinken lassen und mehr die »Gaben seines reichen Geistes« spielen lassen: Die würzige Havelluft inspirierte den Askanier Albrecht zu frühfriderizianischer Toleranz.

Ritter ohne Furcht – mit Tadel
Richard Löwenherz

In einer Dezembernacht des Jahres 1192 erreichten drei
Männer das Dörfchen Erdberg bei Wien. Sie waren unwie-
nerisch gewandet und wirkten gehetzt und erschöpft. In einer unbewohnten Hütte fanden sie Unterkunft. Am Morgen
des nächsten Tages beobachteten die Bewohner des Dorfes,
wie einer der Fremden, ein Jüngling, aus der Hütte trat und
Erdberg auf der Straße nach dem nahen Wien verließ. Einige
Stunden später kehrte er zurück: In Erdberg erzählte man
sich, daß man ihn in Wien bei Wechslern mediterrane Münzen habe eintauschen sehen und daß er teure Speisen einge-
kauft habe. Neugierigen hatte er berichtet, daß er der Diener
eines reichen Kaufmanns sei. Auch an den folgenden Tagen
sah man von den drei Fremden nur diesen jungen »Diener«
bei seinen auffälligen Ausflügen nach Wien. Am dritten Tag
aber kehrte er nicht allein aus der Stadt zurück: Soldaten des
Herzogs Leopold führten ihn in ihrer Mitte und umstellten
die Hütte. Es gab einen spektakulären Menschenauflauf, und
als die Bewaffneten die Tür aufbrachen, fanden sie den fremden »Kaufmann«, einen hochgewachsenen, ungewöhnlich
stattlichen blonden Mann, bei »unadeligen« Hantierungen
an der Herdstelle. Er tat sehr verwundert, aber er wurde aus
der Hütte gezerrt und aufgefordert, sein Inkognito aufzugeben: Binnen kurzem verbreitete sich unter der Menge das
Gerücht, daß der hünenhafte »Kaufmann am Herde« der
König von England sei – Richard Löwenherz.

Er war es. Der Ruß war ab, die Maskerade vorbei: Wenig
später mußte der König dem mit ihm verfeindeten Herzog
Leopold von Österreich unter dem »höhnenden Jubel« der
Menge sein Schwert aushändigen. Erdberg wurde an diesem
Tag zu einer Fußnote der Geschichte.

Herzog Leopold der Fünfte von Österreich (übrigens der
Sohn unseres Heinrich Jasomirgott) hatte bei der Jagd auf
Richard Löwenherz, der auf der Rückreise aus dem Heiligen
Land schiffbrüchig bei Aquileja an Land gegangen und dann
nordwärts marschiert war, mehr als nur eine lösegeldträchti-
ge Wegelagerei im Sinne. Dem Herzog ging es vor allem

darum, mit dem König, der ihn vor nicht langer Zeit bei
gemeinsamen Kreuzzugsaktionen im Heiligen Land ehren-
rührigst beleidigt hatte, sein Hühnchen zu rupfen. Der
jähzornige Engländer hatte vor Akkon das babenbergisch-
österreichische Banner herabgerissen und den Herzog
Leopold sogar mit einem Fußtritt traktiert: Er sollte nun
die österreichische Gastfreundschaft kennenlernen. Als
Hotel wurde die wilde Bergfeste Dürrenstein ausersehen,
wo Richard einige Monate in »ehrenvoller, aber strenger« –
man darf wohl übersetzen: unangenehmer – Haft ver-
brachte, bevor er nach längerem Schachern dem deutschen
Kaiser Heinrich übergeben wurde.

Heinrich der Sechste (der Sohn Friedrich Barbarossas)
hatte eine vergleichbar komfortable Unterkunft für Englands König parat: die Feste Trifels beim pfälzischen Ann-
weiler. Doch bevor der Löwe den neuen Käfig bezog,
wurde er in der Karwoche des Jahres 1193 vor einen
Reichstag zitiert. Der prestigebewußte junge Kaiser Heinrich räkelte sich behaglich in seinem Thronsessel, als der
berühmteste Ritter seiner Zeit, König Richard Löwenherz,
vor ihm im Häftlingshabit erschien, um die lange Liste der
Anklagen zu hören, die man gegen ihn vorzubringen hatte.

Es war beileibe nicht alles stichhaltig, was man an Fre-
vel- und Untaten des Königs zusammengescharrt hatte.
Aber es war doch in mancher Hinsicht mehr als nur ein
Zerrspiegel, in den Richard hier blicken mußte: eine haari-
ge Zwischenbilanz, die das Bild des strahlenden löwenherzigen Helden zeitweilig verdunkelte, bevor es sich dann
doch für lange Zeit durchsetzte.

Dies warf man – unter anderem – dem König vor: Richard habe im Jahre 1190, als man in Europa zum dritten
Kreuzzug aufbrach, das Versprechen, alle Lande des Römischen Reiches friedlich zu passieren, durch einen ver-
brecherischen Sturm auf Messina gebrochen. Er habe gegen die Stauferherrschaft mit den Welfen konspiriert. Er
habe einen Vetter des Herzogs Leopold, Konrad von Montferrat, ermorden lassen. Er habe den Mißerfolg des Kreuz-
zuges durch verräterische Absprache mit dem Sultan Saladin verschuldet. Er habe widerrechtlich und gewaltsam
den Kaiser Isaak von Zypern entthront. Er habe den König von Frankreich aus Habgier betrogen. Er habe im

Heiligen Lande nicht nur Herzog Leopold, sondern die Deutschen überhaupt aus Eifersucht gedemütigt und beschimpft ...

Gewiß wurde man den Taten, die der englische König im Verlauf des unglücklich begonnenen – man denke an Barbarossas Tod – und unglücklich beendeten Kreuzzugs vollbracht hatte, in keiner Weise gerecht, wenn man hier nicht zuletzt seinen Kontakt zu Saladin beargwöhnte. Richard Löwenherz hatte an der Spitze seiner Truppen einige spektakuläre und erfolgreiche Bravourstückchen vollbracht – tollkühne Aktionen, die endgültig seinen kriegerischen Ruhm begründeten, mitunter freilich auch seinen sehr mäßigen Feldherrnverstand beleuchteten.

König Richard der Erste (geboren 1157, englischer König seit 1189) ist eine jener heftigen Abenteurernaturen mit unreflektierter Kühnheit, unbeherrschter Kampfeslust und fast pathologischer Roheit gewesen, wie sie von den erlebnisarmen Massen von jeher bereitwillig bestaunt und von heißbäckigen Chronisten immer wieder zu großen Heldengestalten hochgelobt wurden. Daß er seinen Engländern bedenkenlos schwerste finanzielle Opfer im Interesse seiner Kriegszüge und seiner persönlichen Geldgier auferlegte, daß er im Heiligen Land Tausende von sarazenischen Gefangenen hinmetzeln ließ, daß er seine Aufgaben als König von England völlig interesselos schleifen ließ – das alles hat seinem Ruhm nicht im Wege gestanden.

Im Gegenteil, je länger er als Kreuzfahrer und dann als kaiserlicher Gefangener seinen Pflichten und seinem Lande fernblieb, desto liebevoller verklärte man auf der Insel sein Bild. Die Briten mußten schließlich tief in die Tasche greifen, um sich ihren schlechten König ins Land zurückzuholen: 150 000 Mark, für damalige Zeiten eine ungeheure Summe, kassierten Kaiser Heinrich der Sechste und Herzog Leopold der Fünfte, bevor sich im Februar 1194 die knarrenden Tore auf Trifels für Richard Löwenherz öffneten. Die Gefangennahme zu Erdberg bei Wien hatte eine gute Einnahme und einen beachtlichen Prestigezuwachs abgeworfen: Englands König hatte sich trotz seiner gerühmten Trutzigkeit vor dem Kaiser demütigen und die Lehnshoheit des Kaiserreiches über England anerkennen müssen.

Nach seiner Heimkehr hat Richard Löwenherz die opferbereite Anhänglichkeit seiner Untertanen keineswegs durch eine friedliche Regierung honoriert. Er verzieh widerstrebend seinem jüngeren Bruder Johann ohne Land (der sich, um das mindeste zu sagen, weder opferbereit noch anhänglich verhalten hatte) und zog alsbald zu neuen Abenteuern aus. Im Jahre 1199 wurde der erst einundvierzigjährige Richard Löwenherz bei einem Feldzug gegen König Philipp den Zweiten August von Frankreich durch einen Pfeilschuß tödlich verletzt. In der rund zehnjährigen Zeit seiner Herrschaft hat er sich insgesamt nur sechs Monate in England aufgehalten!

Wie paßt nun der Beiname »Löwenherz« *(Cœur de Lion)* zum Habitus und zu den Taten des Königs, wie wir sie hier skizziert haben?

Die Sizilianer, die besonders unter den anmaßend auftretenden Engländern zu leiden hatten, als im Jahre 1190 die geharnischten Kreuzfahrerheere, schwerfällig und bei jeder Gelegenheit marodierend, zu Land und zu Wasser gen Osten schepperten, haben diesen Beinamen aufgebracht. Sie meinten ihn keineswegs freundlich. Sie verglichen die Mentalität des kühnen und mitleidlosen Eroberers von Messina mit der eines Löwen: »löwenherzig« bedeutete hier in erster Linie erbarmungslos, erst in zweiter furchtlos und tapfer. Genauso hat sich auch bei der entsetzlich heimgesuchten mohammedanischen Bevölkerung Palästinas das Bild des Königs geformt. Der Historiker K. A. Kneller erwähnt, daß dort noch Jahre nach dem Kreuzzug die Mütter ihre unartigen Kinder mit der Drohung schreckten: »Wart nur, König Richard kommt!«

Die Taten, die Richard Löwenherz für diese Rolle des »Schwarzen Mannes« und Kinderschrecks qualifizierten, haben nach dem eher rohen Geschmack mittelalterlicher Ritter und Kreuzzugchronisten zugleich seinem einzigartigen Kriegsruhm gedient. Mit den vielfach ausgeschmückten Berichten von König Richards Heldentaten verbreiteten Troubadoure und Fahrende aller Couleur auch seinen Beinamen: »Löwenherz« wurde auf diese Weise immer mehr zu einem reinen Ehrentitel. Der ursprünglich dominierende Akzent »herzlos und erbarmungslos« fiel unter den Tisch der Wirtshäuser, in denen man sich von König Richard erzählte. Da wußte – vor allem in England – natürlich einer immer noch mehr als der andere von den herrlichen Taten des Königs, und so rankten sich, gerade in der Zeit der deutschen Gefangenschaft, zahlreiche Legenden um Richard Löwenherz. Es versteht sich, daß er eigenhändig diverse Löwen erlegt hatte; einem hatte er sogar mit tiefreichendem Griff in den Rachen bei lebendigem Leibe das Herz herausgerissen – eine Story, die sogar Shakespeare noch kolportiert hat.

Am bekanntesten aber wurde die Mär vom treuen Sänger Blondel, der den vermißten und gefangenen König am Rhein durch die »Macht seines Gesanges« (auf den Richard von den Zinnen der Burg herab antwortet) aufspürt und schließlich befreit: eine frei erfundene, aber hübsche Geschichte, der sich Legionen von Poeten, vom Troubadour bis zum Operndichter, dankbar angenommen haben.

So kam es also, daß aus einem rohen Haudegen ein ritterliches Heldenideal, aus einem verantwortungslosen König ein englischer Nationalheros – und aus einem, zunächst im Wortsinn, charakteristischen Beinamen ein Etikett gedankenloser Bewunderung wurde.

Jeder Zoll kein König?
Johann ohne Land

> Er ist 'ne rechte Schlang' in meinem Weg,
> Und wo mein Fuß nur irgend niedertritt,
> Da liegt er vor mir: du verstehst mich doch?
> *Shakespeare, König Johann*

Der billigen Heroisierung des englischen Königs Richard Löwenherz steht in der älteren Geschichtsschreibung die unbillige Geringschätzung seines jüngeren Bruders und Nachfolgers Johann ohne Land (geboren 1167, gestorben 1216) gegenüber. Mit der naiven Vorliebe des Märchenerzählers für schwarzweiße Gegensatzpaare haben Generationen von Chronisten dem ritterlichen Helden Richard einen tückischen Tunichtgut von Bruder, gleichsam die böse Stiefschwester der Märchenwelt, an die Seite gestellt. »Es ist nichts in ihm [Johann], das auch nur für einen Augenblick wohlwollende Gefühle in uns erweckt; in seinem Glück gibt es nichts, das wir bewundern, in seinem Unglück nichts, das wir bemitleiden können«, urteilt der Engländer Stubbs. Der Franzose Petit-Dutaillis bescheinigt Johann den »rohen Despotismus von Negerkönigen«, dazu »Lüsternheit und Unverschämtheit«, der Deutsche Sternfeld »Habgier, Feigheit und Lasterhaftigkeit«. Kaum eine Vokabel aus dem reichen Arsenal der Despektierlichkeiten, die dem König Johann nicht ins Stammbuch geschrieben worden wäre, und überhaupt hat bis ins 20. Jahrhundert hinein der Historikerzunft »King John« einhellig als das Musterbeispiel eines gekrönten Schurken gegolten.

Je mehr dann aber in unserer Zeit die Emaille von der hellen Gestalt des Richard Löwenherz abplatzte, desto verständnisvoller hat man peu à peu das dunkle Pendant des Helden beurteilt. Nun wurden die zeitgenössischen Quellen gesiebt, und siehe da: der perfide »Schwächling« mauserte sich, rund 700 Jahre nach seinem Ableben, zu einer »interessanten« Persönlichkeit und – wenn schon nicht zu einem guten König – immerhin zu einem besseren Regenten, als es Richard Löwenherz gewesen ist. Englands Historiker-Primus Trevelyan resümierte, Johann ohne Land sei zwar »falsch, selbstsüchtig und grausam« gewesen, er habe aber immerhin »Hartnäckigkeit« und »taktischen Scharfsinn bei der Verfolgung seiner Ziele« bewiesen. Ein Hauch von Rehabilitierung.

Auch die Beinamen der beiden königlichen Brüder haben in gewisser Hinsicht dem gängigen Positiv-negativ-Bild des Paares gedient. Hier der »löwenherzige«, dort der kraft- und besitzlose, hier der starke, dort der armselige König. Wir haben bereits berichtet, was es mit König Richards Beinamen auf sich hatte, und wir wollen nun sehen, was Johanns Cognomen für die Charakteristik des brüderlichen Nachfolgers hergibt: War Johann wirklich ein »König ohne Kleider«, ein Fürst ohne Fürstentum?

Englands großer König Heinrich der Zweite hatte sich einst väterlich bemüht, auch für Johann, seinen dritten Sohn, eine Apanage sicherzustellen. Der jüngste Prinz sollte König von Irland werden. Doch es klappte nicht. Die Iren zeigten schon damals wenig Sympathien für Englands Royal Family und ließen den ambitiösen Prinzen abblitzen, der sich – als er nicht sofort Gegenliebe fand – zu unbeherrschten Schimpfereien auf die Bewohner der Grünen Insel hinreißen ließ. Mit roten Ohren und schiefem Blick berichtete Prinz Johann zu London von dem irischen Desaster, und Vater Heinrich verspottete seinen Jüngsten gutmütig als John *Lackland*, als Prinzen, der nun wohl »ohne Land« bleiben müsse. Die Hofschranzen, die es hörten, gaben das Bonmot weiter: Der Beiname, im Französischen *Sansterre*, war fertig.

Keineswegs fertig aber war der Prinz mit seinem Ehrgeiz. Nach dem Tode seiner älteren Brüder Richard Löwenherz und Gottfried gewann er nicht nur Englands Krone, sondern auch den ganzen großen Besitz der Plantagenets: Im Jahre 1199 wurde aus dem Prinzen Johann ohne Land der König Johann mit sehr viel Land. Nicht nur England, auch große Teile Frankreichs gehörten zu seiner Herrschaft.

Doch der Beiname des Königs, das *Sansterre*, war zugleich die Devise seines Hauptgegners, Philipps des Zweiten August von Frankreich. Philipp August, der schon dem löwenherzigen Richard das Leben beharrlich sauer gemacht hatte, protegierte den Erbanspruch von Johanns Neffen Arthur von der Bretagne (Sohn des verstorbenen Gottfried) und zwang Johann ohne Land nicht nur zu immer neuen Kriegszügen, sondern auch zu Aktionen, die seinen schlechten Ruf mit verursacht haben: Den Neffen Arthur, der dem Onkel eine so unfamiliäre Abneigung bewies, hat Johann ohne Land als »'ne rechte Schlang' in seinem Weg« sehr wahrscheinlich umbringen lassen. Kein schöner Zug im Bild des Königs, wahrhaftig nicht, aber doch auch keine Tat, die Johann ohne Land in dieser Etappe der christlich-abendländischen Geschichte besonders exponiert. Hätte Johann nicht allein »Hartnäckigkeit« und »Geschick« in der Verfolgung seiner Ziele im Interesse Englands bewiesen, sondern dabei auch ein bißchen mehr Fortüne gehabt, so hätten die Chronisten den »Fall Arthur« bei der Würdigung des begabten Königs zweifellos weitgehend »ausgeklammert«, für eine Sache der »Staatsräson« erklärt.

Aber Johann entwickelte kein Glück, weder kriegspolitisch noch im Umgang mit seinen Baronen. Er mußte in der berühmten *Magna Charta Libertatum* (1215) innenpolitische Freiheiten und in einem Konkordat mit Rom päpstliche Mitbestimmung zugestehen, und er büßte außerdem nach zähem Ringen Englands Brückenkopf in Frankreich ein. So läßt sich am Ende der Beiname »ohne Land« wenigstens in einer Variante bestätigen: Johann »ohne *Fest*land«.

Die Flucht von der Wartburg
Albrecht der Unartige und Friedrich der Gebissene

Wo fünfzig Jahre zuvor noch die heilige Elisabeth wohltätig gewandelt war, begaben sich nun – im Jahre 1270 – verruchte Taten. Landgraf Albrecht der Unartige von Thüringen entweihte die Säle und Kemenaten der Wartburg durch verschwenderische Gelage, finstere Ränke und schamlosen Ehebruch. Während die hochgeborene Landgräfin Margarete, die Tochter des Stauferkaisers Friedrich des Zweiten, ihre minderjährigen Söhne aus fast fünfzehnjähriger Ehe traurig in entlegenen Gemächern um sich scharte, machte Albrecht ein Hoffräulein der Landgräfin, Kunigunde von Eisenberg, ungeniert zu seiner »Buhle«, später auch offiziell zur Herrin der Wartburg. Nichts von der Charaktergröße seines Vaters, Heinrichs des Erlauchten von Meißen, schien auf ihn vererbt zu sein. Undankbar mißachtete er die reiche Mitgift der Kaisertochter und das Erbteil – die Landgrafschaft Thüringen mit der Wartburg –, das ihm Heinrich der Erlauchte lange vor seinem Tode, schon 1265, vermacht hatte. Albrecht war entschieden aus der wettinischen Art geschlagen, was ihm denn auch seine beiden Beinamen – er erscheint in den Geschichtsbüchern abwechselnd als »der Unartige« und »der Entartete« – für alle Zeit bescheinigen.

Beide Varianten, das einst strenge und nur nach heutigem Wortgebrauch belustigende »unartig« wie das (heute auch bereits mehrdeutige) »entartet«, meinen auch keineswegs allein den Ehebruch und die prasserischen Neigungen des Landgrafen. Viel, viel Schlimmeres noch wissen die alten Geschichtsschreiber zu berichten. Friedrich von Raumer, der unterhaltsame Amateur unter den großen deutschen Historikern, bietet ein Konglomerat aus Sage und Geschichte:

»Albrecht lebte in öffentlichem Ehebruch mit Kunigunde von Eisenberg. Ein minder verstocktes Gemüt wäre durch das Gefühl dieses Unrechts wenigstens zu äußerlich schonender Behandlung [der Ehefrau] vermocht worden: Statt dessen steigerte der Anblick seines unschuldigen Weibes den Haß Albrechts dergestalt, daß er einen Diener gegen Versprechen großen Lohnes schwören ließ, er wolle als Teufel verkleidet des Nachts zu Margarete hinschleichen und sie erdrosseln. Allein die Überzeugung von ihrer Unschuld, die Furcht vor den Folgen einer solchen Tat, die Scheu, an eine Kaisertochter mörderische Hand anzulegen, trieben den Knecht so lange unentschlossen umher, bis er, durch Albrecht nochmals gedrängt, sich in der Nacht wirklich zur Markgräfin schlich, ihr aber, Gnade erflehend, die Gefahr eröffnete. Margarete erschrak aufs Äußerste und stimmte den getreuen Dienern bei, daß sie ihr Leben nur durch die schleunigste Flucht retten könne. Noch einmal ging sie zu ihren kleinen Söhnen Friedrich, Heinrich und Diezmann, und bei diesem Abschiede biß sie in grenzenlosem Schmerz den Ersten so heftig, daß er davon zeitlebens den Beinamen ›Friedrich mit der gebissenen Wange‹ führte. An Stricken ließ sich Margarete mit ihrem reuigen Erretter und zwei getreuen Freunden von der Wartburg hinab und wanderte, von Angst und Sorgen getrieben, hilflos durch das Land ... Schon in demselben Jahr endete der Tod ihre Leiden.«

So weit Raumer. Er hat mit der hier zitierten Passage (und auch sonst) eine beachtliche Schar deutscher Literaten zu Romanzenzyklen, Dramen, Romanen und Erzählungen angeregt, und Moritz von Schwind steuerte auch diese (un)historische Szene großflächig als »Flucht von der Wartburg« zum spätromantischen Dekor der Wartburg bei. Der Umstand übrigens, daß jener Knabe Friedrich, von dem die aufgescheuchte Margarete so hektisch Abschied genommen haben soll, nach Konradins Tod 1268 der letzte überlebende Stauferenkel gewesen ist – dieser Umstand hat natürlich das Wuchern der Sage *vor* Raumer wie der Poeterei *nach* Raumer heftig beflügelt.

Den Knaben selbst machte es besonders selbstbewußt, die Hoffnung der staufischen Ghibellinen und damit Prätendent auf die Kaiserkrone zu sein. Schon 1269, etwa zwölfjährig und noch ungebissen, nennt er sich selbst »Friedrich der Dritte, König von Jerusalem und Sizilien«. Es ist gut vorstellbar, daß Landgraf Albrecht dem Unartigen diese staufischen Ambitionen seiner Frau und seines Sohnes (der sich, wie Albrecht fand, des väterlichen Geschlechts der Wettiner durchaus nicht zu schämen brauchte) auf die Nerven gegangen sind; daß nicht nur die Vertreibung der Margarete, sondern auch einige der späteren Streitigkeiten mit seinen »staufischen« Söhnen in diesem Gegensatz wurzeln.

Die finster-verruchte Story von Albrechts Mordplan hat sich natürlich ebensowenig ereignet wie Margaretes verzweifelter Biß in Friedrichs Wange und das dramatische Abseilen von den Mauern der Wartburg. Einer Eisenacher Lokalsage, der Raumer noch aufgesessen ist, verdankt Friedrich den kuriosen Beinamen *admorsus*, »der Gebissene« oder »mit der gebissenen Wange«. Gebräuchlicher wurde später sein zweiter Beiname »der Freidige«, der zuerst in einer thüringischen Chronik des Jahres 1453 genannt wird und soviel wie »der Verwegene«, »der mutig Draufgehende« bedeutet.

Ganz so »entartet«, wie die Eisenacher Sage berichtet, ist Landgraf Albrecht also nicht gewesen. Er wollte seiner Frau nicht gerade ans Leben. Von der Wartburg vertrieben aber hat er Margarete schon, und auch darüber hinaus ist er ein ziemlich arger Sünder gewesen: Sein Familiensinn war selbst für mittelalterliche Verhältnisse auffällig unterentwickelt. Nicht nur gegen seinen »erlauchten« Vater »erhob er die Hand«. Auch gegen seinen Bruder Dietrich und später gegen seine – dann erwachsenen – Söhne bestritt er heftige Fehden. Die Herren Söhne waren ihm nicht nur zu »staufisch«, sie brachten nach Albrechts Ansicht auch viel zu wenig Verständnis für seine chronischen Finanzkalamitäten und seine daher rührenden Absichten auf, Ländchen um Ländchen aus dem Erbe Heinrichs des Erlauchten (der 1288 endlich gestorben war) meistbietend zu verkaufen. Nachdem er bereits die Mark Landsberg an Brandenburg günstig veräußert hatte, offerierte er auch Thüringen selbst: König Adolf von Nassau griff gern zu.

Die Söhne aber, voran Friedrich, der an der Wange gezeichnete Freidige, wollten sich den Ausverkauf ihres Erbes nicht länger mit ansehen. Sie machten gegen den Rabenvater mobil: Im Jahre 1288 wird Albrecht der Unartige von Friedrich inhaftiert, und 1307 endlich zieht er sich nach weiteren, kaum übersehbaren Rangeleien sowohl mit der königlichen Macht als auch mit den Söhnen nach Erfurt zurück. Obwohl nun hoch in den Sechzigern, hat er sich auch im Erfurter Ruhestand »in nicht immer fürstlicher Weise« benommen. Bis zu seinem Tode im Jahre 1314 ist es ihm nie gelungen, mit seinen Mitteln hauszuhalten.

Wenn ihm auch in den Quellen immer wieder persönlicher Mut und Gewandtheit bescheinigt werden, so kann doch kaum ein Zweifel an der Berechtigung seines Beinamens bleiben: Was »artig«, was ritterlich war, hat Albrecht stets bedenkenlos mißachtet. Er war ein Fürst, der gänzlich ungeniert seinen Ruf ruinierte.

Ganz anders sein Sohn Friedrich, der sich mehr an der hohen Art seiner Großväter (Heinrichs des Erlauchten und Kaiser Friedrichs des Zweiten) orientierte. Tatkräftig und »freidig« setzte er schließlich die Vereinigung der meißnisch-thüringischen Territorien durch.

Gebissen hat ihn, wie schon angedeutet, nicht seine Mutter Margarete. Gebissen hatte ihn zunächst der staufische Ehrgeiz, Kaiser zu werden. Aber die Zeitläufte standen dem entgegen. Immerhin, Friedrich der Freidige lebte als ghibellinische Hoffnung fort: Die Kyffhäuser-Mär von der künftigen Wiederkehr staufischer Kaisermacht hat sich zunächst an seiner Person entzündet und erst später auf seinen Ahnherrn Barbarossa konzentriert.

Gebissen hatte, nach der Legende, Friedrich den Freidigen zusätzlich das Gewissen. Die Sage kündet, daß der Landgraf als Zuschauer einer Aufführung des hochmoralischen Spiels von den »zehn törichten Jungfrauen« zu Eisenach 1321 vom Schlag getroffen, in Siechtum verfallen und zwei Jahre darauf verschieden sei. Die Sage! Die moralische Einkehr des Landgrafen nach den Eindrücken dieses Lehrstücks von Gottes gnadenloser Strenge wird ganz so drastisch kaum gewesen sein: Zimperlichkeit jedenfalls war eine Eigenschaft, die weder zum väterlichen Erbteil Albrechts des Unartigen noch zu den Besonderheiten des staufischen Blutes gehörte. Immerhin läßt sich angesichts solcher Überlieferung ahnen, wie außerordentlich stark ein ungewohntes Bühnenerlebnis die Menschen des Mittelalters ergreifen konnte. So stark, daß man Landgraf Albrecht dem Unartigen streng-moralische Theatereindrücke zur rechten Zeit gewünscht hätte: Vielleicht, daß sich dann statt Margarete das buhlerische Fräulein Kunigunde von der Wartburg hätte abseilen müssen.

Zwiefach verwundet
Otto mit dem Pfeil

Zu den kleinen Attraktionen des Berliner Tiergartens gehörte früher – in der guten und auch noch in der schlechten
alten Zeit – ein Denkmal, das sich nicht etwa durch künstle-
rische Vorzüge, sondern durch ein ungewöhnliches Merk-
mal von seinen Nachbarmonumenten abhob. Die Kutscher,
die auswärtige Besucher durch die statuenreiche »Puppenallee« Kaiser Wilhelms des Zweiten chauffierten, pflegten mit
dem Peitschenschaft auf diese Kuriosität hinzudeuten, und
besonders Kinder sah man oft mit staunend aufgeklappten
Mündern vor der Gestalt. So mancher Vater, der mit seinem
Sprößling hier vorbeikam und auf die unvermeidlichen Fra-
gen nicht mit dem betreffenden Histörchen antworten
konnte, hat an dieser Stelle seinen Schulschlaf bei den Lek-
tionen früher brandenburgischer Geschichte bereut.
   Man befand sich vor dem Denkmal eines mittelalterlichen
Fürsten, vor einer stabilen Ritterfigur, deren staunenswerte
Besonderheit die Pfeilspitze war, die im Schädel des Dargestellten steckte. Staunenswert – etwa im Unterschied zu den
Kriegerdenkmälern – insofern, als dieses Denkmal ganz offenkundig nicht das Ableben des ritterlichen Fürsten veran-
schaulichen wollte. Der Wackere hielt sich absolut aufrecht
auf seinem Sockel. Es mußte also etwas Wunderliches auf
sich haben mit diesem Pfeil, der sogar – das las man in der
Sockelinschrift – im Beinamen des Dargestellten vorkam:
Otto mit dem Pfeil. Und wer sich in vaterländisch-branden-
burgischen Lesebüchern halbwegs auskannte, der erzählte
einem fremden Besucher der »Puppenallee« (oder seinem
staunenden Filius) gern die denkwürdige Geschichte zum
Denkmal – die Geschichte von Otto und Ottos Pfeil.
   Otto der Vierte von Brandenburg, Markgraf von 1267 bis
1308, gehörte zu jenen Askanierfürsten, die ihrem großen
Ahnherrn Albrecht dem Bären nachschlugen und Ehre
machten. Otto brachte es zu Ansehen im römisch-deutschen
Reich und zur Würde des deutschen Erzkämmerers, aber er
kümmerte sich ansonsten weniger um das Reich als um sein
brandenburgisches Territorium. Für Brandenburg zog er oft

und stets ritterlich zu Felde – doch keineswegs immer erfolgreich. Besonders die Stadt Magdeburg, die damals mächtig und reich und der Sitz eines Erzbischofs war, wollte sich von dem Markgrafen nicht dreinreden lassen. Sie wies Ottos Wunsch, seinen jüngeren Bruder Erich zum Magdeburger Erzbischof zu küren, aus guten Gründen zurück und verteidigte gegen die Truppen des Markgrafen ihre Unabhängigkeit so nachdrücklich und geschickt, daß nicht nur das Heer der markgräflichen Belagerer in die Flucht geschlagen, sondern Otto selbst gefangengenommen werden konnte.

Dem stolzen Markgrafen blieb in Magdeburg nichts erspart: Man sperrte ihn in einen »engen Käfig mit Bohlen, in welchem er vor den Bürgern Magdeburgs ausgestellt und auf das Demütigste behandelt« wurde – so der borussische Geschichtserzähler Ludwig Hahn –, und gab ihn erst frei, als die Markgräfin »unter bitteren Tränen« 4000 Mark Silber als Lösegeld zusammengerafft hatte.

Solchermaßen an der Ehre und am *nervus rerum* gepackt, machte der Markgraf – es war im Jahre 1279 – nach kurzer Verschnaufpause erneut mobil. Diesmal kam es bei Staßfurt an der Elbe zum Gefecht mit den Magdeburgern. Allhier geschah es – wir zitieren nun das »vaterländische Geschichtsbild« eines Herrn Otto von Golmen (vollendet 1894 »am Geburtstage unserer Kaiserin«) –, »es geschah, daß der Markgraf wiederum seine Streiter gegen das Schloß führte und denselben eine Bahn zu brechen suchte mitten durch die Feinde hindurch. Da legte einer der Schützen des Schlosses auf ihn an und schoß ihm einen Pfeil gegen das Haupt mit solcher Kraft, daß derselbe durch den Helm in die Stirn drang. Nieder stürzte der Fürst, und seine Ritter und Mannen glaubten, daß er zu Tode getroffen wäre. Die Magdeburger frohlockten, daß sie ihren schlimmsten Gegner zu Falle gebracht ...«

Doch was wußten diese Magdeburger schon von der Stabilität askanischer Schädelknochen! Denn:

»Siehe, da sprang der Markgraf wieder auf, als wäre ihm gar nichts geschehen, und rief den Brandenburgern zu, daß sie nicht um ihn besorgt sein möchten. Während dieselben aufs neue vorwärtsstürmten, versuchte er selbst, sich den Pfeil aus der Stirne zu entfernen. Wohl gelang es, den Schaft herauszuziehen, aber die Spitze war mit Widerhaken versehen und haftete dermaßen fest in dem Stirnbeine, daß der

Feldscher befürchtete, es würde dem Fürsten zum Tode gereichen, wenn man Gewalt anwendete. ›Nun denn‹, rief der Markgraf, indem er gewaltsam seinen Schmerz unterdrückte – ›so mag der Pfeil, der sich so fest in meinem Haupte verknüpft hat, stecken bleiben, wo er steckt; es soll mich nicht beirren!‹ Und er hat fortan die Pfeilspitze manches Jahr lang mit sich herumgetragen, weshalb man ihm den Namen des ›Markgrafen mit dem Pfeile‹ beigelegt hat ...«

So weit Otto von Golmen in seinem publizistischen Bemühen, »die Liebe zum teuren Vaterlande zu nähren und zu stärken«. Wir sind seiner Erzählung dankbar gefolgt, weil sie so prächtig zum Denkmal Ottos mit dem Pfeile paßt. Das treuherzige Geständnis des Verfassers aber, daß er bei seiner Schilderung »dem Fluge seiner Phantasie absichtlich Fesseln angelegt« habe, drängt in medizinisch aufgeklärterer Zeit doch die Frage nach der Haltbarkeit dieser Fesseln auf. Denn »manches Jahr«, also mehrere Jahre lang, hat sich der Markgraf kaum als gehörnte Rarität, als menschliches Einhorn besichtigen lassen. Andere brandenburgische Geschichtsschreiber befristen denn auch Ottos Pfeilzeit vorsichtiger mit Wendungen wie »über ein Jahr«, »fast ein Jahr« oder »einige Zeit«. Der letztgenannten Version schließen wir uns an: Sie ist – da schon die Originalquellen keine exakte Angabe liefern – entschieden die diplomatischste.

Markgraf Otto mit dem Pfeil hat zweifellos über eine robuste Konstitution verfügt, denn es hieß schon was, die Künste der damaligen Chirurgen zu überleben. Nachdem aus der Pfeilspitze selbst endlich ein Souvenir im Kleinodienschrein der Markgräfin geworden war, hat er als pfeilloser Otto mit dem Pfeil noch nahezu drei Jahrzehnte kriegerisch, kaufmännisch – denn *er* war es, der die Mark Landsberg von Albrecht dem Unartigen erhandelte – und musisch gewirkt. In der Tat: musisch! Denn auch Literaturgeschichten verzeichnen seinen Namen. Sieben Minnelieder von ihm sind überliefert. »Verwundet werd’ ich von zwiefachem Leide«, klingt es in einer seiner Strophen. Aber es ist nicht der Pfeil von Staßfurt, den er im Vers besingt. Diesmal hat »Frau Minne« auf ihn angelegt.

Es ist wirklich schade, daß Otto mit dem Pfeil nun nicht mehr auf seinem Sockel im Tiergarten steht.

Dämonische Witwe
Margarete Maultasch

Die Prinzessin war nicht schön, aber klug, nicht anziehend, aber begehrt. Das sonnige Tirol, die »Brücke nach Italien«, war ihr Erbe, und so machte man in den großen Herrscherhäusern, besonders bei den böhmischen Luxemburgern und den bayerischen Wittelsbachern, mannbare Prinzen mobil, die mit der Hand der Prinzessin das Land Tirol erwerben könnten. Die Luxemburger griffen als erste zu: Sie beschwatzten den Herzog Heinrich von Kärnten und Tirol, seine kaum zwölfjährige Tochter Margarete 1330 mit dem nur wenig älteren Prinzen Johann Heinrich von Böhmen zu vermählen.

Aber die Erbin von Tirol, die man als unmündige Prinzessin leicht hatte verkuppeln können, entfaltete als volljährige Herzogin viel mehr Eigenwillen, als die berechnenden Einheirater sich träumen ließen, und sie bewies dazu ein Talent zur politischen Intrige, wie man's im 14. Jahrhundert von – normalerweise stickenden – Damen nicht alle Tage erlebte. Margarete von Tirol hatte »Köpfchen«, freilich einen Kopf – und das war ihr Problem –, der selbst bescheidenen ästhetischen Ansprüchen in keiner Weise entsprochen zu haben scheint. Die inneren Windungen waren das beste an ihm, während das Äußere, in glatter Umkehrung des geschätzten Gängigen, sehr auffällige Mängel zeigte. Besonders ihre Mundpartie »wulstete sich äffisch vor« – so Lion Feuchtwanger in seinem Roman über die »häßliche Herzogin« – und entstellte die begabte und fatalerweise besonders liebesbedürftige junge Frau.

Der Margarete angekuppelte Johann Heinrich von Luxemburg-Böhmen war entschieden zu simpel, um mit etwas Noblesse über Margaretes Gesichtswülste hinwegzusehen oder gar zu ahnen, was in ihren Gehirnwindungen vorging. Er büßte seine Ignoranz, denn seine Frau rächte sich für die ihr in der Ehe bewiesene rohe Mißachtung durch einen drastischen Coup:

Als Johann Heinrich an einem Novemberabend des Jahres 1341 – hungrig, durstig, fröstelnd – von einem Jagdausflug zum Schloß Tirol zurückkehrte, fand er sein Heim verrammelt und verriegelt.

Ärgerlich ließ er ins Horn stoßen, doch statt diensteifriger Knechte zeigte sich Frau Margarete selbst auf dem Torturm über der hochgezogenen Brücke: Der Herr Gemahl sei hier von nun an unerwünscht, er möge sich nach einem anderen Quartier umtun, ließ sie ihn wissen. Und übrigens, die Scheidung sei bereits eingeleitet. Offizieller Grund: die Impotenz des Ehemannes. – Johann Heinrich wütete, und Margarete lächelte – sie lächelte, soweit ihre Gesichtsbildung das zuließ.

Wo der Luxemburger Prinz so blamabel gescheitert war, griff das Haus Wittelsbach besonders gern zu. Der Wittelsbacher Kaiser Ludwig der Bayer erklärte die wegen der Impotenz Johann Heinrichs angeblich nicht vollzogene Ehe für nichtig und bot für dieses Votum so ausgeklügelt spitzfindige Gutachten auf, daß der Chronist Johann von Viktring klagte: »Des Kaisers Name, bisher wohlriechend, begann stinkend zu werden in den Nasen der Fürsten.« Zweck der übelriechenden Aktion: die Heirat des Kaisersohnes Ludwig von Brandenburg mit Margarete, den Erwerb Tirols für das Haus Wittelsbach einzufädeln.

Aus dieser neuen Ehe, 1342 geschlossen, ging zwar ein Sohn (Meinhard) hervor, aber ein Exempel inniger Gattenliebe statuierten Margarete und Ludwig keineswegs. Das lag zum Teil zweifellos daran, daß die Herrin von Tirol auch mit den Jahren keine kosmetischen Mittel zur Kaschierung ihres Problems fand. Es war die Zeit, in der man ihr mit gutem Grund den respektlosen Beinamen gab . . .

»Die Herzogin Margarete fuhr über den Arlberg«, erzählt Feuchtwanger in seinem historischen Roman. »In Sankt Anton stand unter dem gaffenden Volk ein Mädchen von elf, zwölf Jahren mit seiner Mutter. Wie der Zug vorbeikam, rief eifrig, wichtig das Kind: ›Mutter! Mutter! Welche ist die gnädige Frau Herzogin? Die Lange, Dürre oder die andere, die Maultasch?‹ . . . Das Wort wurde aufgenommen. Es flog durch das Land, flog weiter, bald nannte alle Christenheit die häßliche Herzogin nur mehr die Maultasche. Margarete hörte davon, trug den Beinamen mit einer gewissen, stillen, bitteren Absichtlichkeit. Wie sollte ihr neues Schloß heißen? Bruneck? Neugrafenburg? Sie nannte es Schloß Maultasch . . .«

So könnte es zugegangen sein, oder besser: Es ist nicht ganz ausgeschlossen, daß es so ähnlich zugegangen ist. Denn der Bezug des Beinamens zur »äffisch sich wulstenden« Mundpartie der Margarete blieb nicht völlig unbestritten. Man hat auch vermutet, daß umgekehrt der Name des Schlosses »Maultasch« den Beinamen der Herzogin bestimmt habe.

Die Herzogin – das ist gewiß – war unattraktiv, aber klug, man liebte sie nicht, aber man respektierte und fürchtete sie. Als Ludwig der Brandenburger 1361 starb, hieß es, die Maultasch habe ihn vergiftet. Und als ihr wittelsbachisch erzogener und gegängelter Sohn Meinhard zwei Jahre später unter mysteriösen Umständen zu Tode kam, lastete man auch dies der zunehmend »unheimlichen« Fürstin an – ihr und ihrem Galan, dem nicht minder »schiechen« und nicht weniger schlauen Hofmeister Konrad von Frauenberg.

Diese Vorgänge, dazu die sich immer unverblümter ausprägende Vorliebe der unkonventionellen Frau für wechselnde, junge Liebhaber und ihre unbeirrt eigenwillige (nun auch antiwittelsbachische) Politik rückten Margarete Maultasch von Tirol in das Zwielicht einer »dämonischen Witwe«. Man nannte sie eine »tirolische Krimhild« und hatte bei diesem Vergleich, wie sich denken läßt, nicht das *edel magedîn* Krimhild, sondern die skrupellose Rächerin im Auge. Ihr Ruf war so schief wie ihr Mund. Später näherte sie sich erneut den Luxemburgern und mußte – mit einem besonders schiefen Lächeln – bei einem Zusammentreffen mit dem luxemburgischen Kaiser Karl dem Vierten den kraftstrotzenden Knaben besichtigen, den inzwischen ihr erster »impotenter« Ehemann Johann Heinrich gezeugt hatte.

Am Ende aber favorisierte Margarete die ihrem Land benachbarten Habsburger, die – ausnahmsweise – das schöne Tirol nicht zu erheiraten, sondern per Erbvertrag zu erwerben trachteten. Sie erhielten es und behaupteten es: Margarete übergab im Jahre 1363, frühzeitig gealtert, verbittert und »sehr müde«, ihr reiches Erbe dem Herzog Rudolf von Österreich – dem »Stifter« auch sonst noch bleibender Dinge.

Sie wollte nun nicht mehr, ihre Lebensgier und ihr Eigenwille waren gebrochen. Die Maultasche war faltig geworden: »Der Mund wulstete sich äffisch vor«, so variiert Feuchtwanger sein Leitmotiv, »die Backen hingen schlaff, riesig, unförmig herab, die Schminke konnte die Warzen nicht verdecken ...«

Margarete Maultasch, eine der merkwürdigsten Frauen des späten Mittelalters, starb 1369 in der Residenz der Erben Tirols, im habsburgischen Wien. Da die Herzogin den Künstlern, die sie gemalt haben, nicht gesessen hat, weiß man nicht präzise, *wie* schlimm ihr die Natur wirklich mitgespielt hat. Ausmalen aber kann man sich, wie es den Seelenfrieden der abstoßenden und – als leibhaftiges Tirol – zugleich begehrten Frau zermürbt hat, daß sie weniger Talent zum Sticken als zur Reflexion hatte. Nicht überliefert ist übrigens, ob sie Maultaschen in ihrer Küche zugelassen oder verschmäht hat.

Nicht weniger eigenwillig als Margarete Maultasch im Süd-
osten des Reiches hat im Südwesten, im Schwäbischen, der
Zeitgenosse der Tiroler Herzogin, Graf Eberhard der Greiner von Württemberg, sein landesherrliches Geschäft aufge-
faßt. Von beschaulicher Landesväterlichkeit hielt er so wenig
wie die Maultasche von milder Landesmutterschaft. Er war
ein fehde- und streitlustiger Fürst, ein Quengler und Drän-
geler, ein Besitzraffer, ein hartnäckiger, unruhiger Rechtha-
ber, aber auch eine ehrliche Haut, ein ritterlicher Haudegen.
Sein abenteuerstrotzender Lebenslauf könnte eigens für
schwäbische Historiendichter konstruiert sein. Schiller, Uhland, Kerner und andere haben auf Eberhard den Greiner
Balladenverse geschmiedet, die »stolze Art« des »Rauschebart« gerühmt und den schwäbischen »Held« auf »stark im
Feld« gereimt. »Prahlt nur mit Karl und Eduard«, scheppert
der junge Schwabe Schiller,

> Prahlt nur mit Karl und Eduard,
> Mit Friedrich, Ludewig!
> Karl, Friedrich, Ludwig, Eduard
> Ist uns der Graf, der Eberhard,
> Ein Wettersturm im Krieg.

Eberhard der Zweite von Württemberg, geboren 1315, gestorben 1392, Enkel Eberhards des Erlauchten, Ururenkel
Ulrichs mit dem Daumen, Großvater Eberhards des Milden
und Ururgroßvater Ulrichs des Vielgeliebten, regierte zunächst gemeinsam mit seinem Bruder Ulrich, seit den sechziger Jahren aber allein das Schwabenland. Regieren hieß für
ihn: im Sattel sitzen, das Schwert parat haben, nicht auswei-
chen, sondern dazuerobern und unterwerfen. Manchmal,
aber selten auch: sich arrangieren. Eberhard arrangierte sich
halbwegs vorteilhaft mit den gerade akuten Kaisern (Ludwig
dem Bayern und Karl dem Vierten), aber er wollte nichts
von einem Kompromiß mit den widerborstigen schwäbischen Adelsfamilien noch gar mit den aufstrebenden Städten

seines Ländles wissen. Beide Parteien hat der Greiner, nach balladenträchtigem Auf und Ab, schließlich überwinden können. Der »Greiner«: Wer nach neuerem Sprachgebrauch folgern wollte, daß es sich hier um einen abschätzigen Beinamen handelt, um die Charakterisierung eines »nahe ans Wasser gebauten«, häufig »weinenden« Fürsten, der ist auf dem Holzwege. Das Wort »greinen« nämlich bedeutet im Mittelhochdeutschen – und teils noch heute im Bayerischen – keineswegs »weinen« oder »schluchzen«, sondern »knurren«, »zanken« und »grantig« sein. Eberhards (zeitgenössischer) Beiname bezeichnet also seine aggressive Fehdelust, seine ständige Bereitschaft zum Raufen und Streiten. Auch sein zweiter, in Uhlands Balladen sogar bevorzugter, Beiname »der Rauschebart« führt in diese Richtung: Weniger einen Wallebart, den der Wind pittoresk zerzaust und »durchrauscht«, meint dieser Beiname, als vielmehr eben die Charakterzüge, die schon das Attribut »Greiner« bezeichnet. Vielleicht kann man »Rauschebart« halbwegs angemessen mit »der Dazwischenfahrende«, »der Heranbrausende« übersetzen. Jedenfalls handelt es sich nicht bloß um eine weitere Variante der im Mittelalter so häufigen Bart-Beinamen. Es rauschte in Württembergs Wäldern, wenn Graf Eberhard zur Jagd auf Hirsch, Schwein und Feind ausritt und wenn er im Felde den Säbel schwang. Schiller greift in seiner Ballade zu dem beliebten Sturm-und-Drang-Vergleich mit der »Windsbraut«:

> Das riß uns wie die Windsbraut fort
> Und schmiß uns tief in Blut und Mord ...

Ja, so war er, der Greiner, »der alte Rauschebart«. Seine oft erzählte, obwohl nur landesgeschichtlich bedeutsame Fehde mit den beiden Grafen von Eberstein und dem Ritterbund der »Martinsvögel« hat durch Uhlands hübsche Ballade Lesebuch-Reife erlangt: Wie Graf Eberhard einem tückischen »Überfall im Wildbad« mit Hilfe eines Bauern knapp entkommt, und wie er dann auszieht, seinen Gegnern heimzuzahlen ...

> Und als das Frührot leuchtet, und als der Nebel sinkt,
> Hei! Wie es da von Speeren und Morgensternen blinkt!
> Des ganzen Gaues Bauern stehn um den Ort geschart,
> Und mitten hält zu Rosse der alte Rauschebart ...

Der Kriegsplan des Greiners gelingt, seine Feinde kapitulieren und schreiten »demütiglich« in die Gefangenschaft. Graf Eberhard salutiert schadenfroh:

> »Willkomm!« so ruft der Greiner, »willkomm in meiner Haft!
> Ich traf euch gut beisammen, geehrte Brüderschaft!«

Viel ernster und zäher ging es in Eberhards Dauerfehde – sie zog sich über nahezu zwei Jahrzehnte hin – mit den schwäbischen Städten zu, denen der Graf seine Landeshoheit aufzwingen wollte. Auf Eberhards Sieg über die Streitmacht der Städte 1372 bei Altheim auf der Alb folgte die Niederlage seines Sohnes Ulrich 1377 gegen die Reutlinger. Darüber zunächst Schiller:

> Und auch sein Bub, der Ulerich,
> War gern, wo's eisern klang;
> Des Grafen Bub, der Ulerich,
> Kein Fußbreit rückwärts zog er sich ...

An der Behauptung dieser letzten Zeile hält der Dichter freilich nur eine Strophe lang fest; denn vor Reutlingen sah es anders aus:

> Er griff sie an – und siegte nicht
> Und kam gepantscht nach Haus;
> Der Vater schnitt ein falsch Gesicht ...

Vater Eberhard der Greiner schnitt nicht nur »ein falsch Gesicht«, wie Schiller referiert, sondern er demütigte seinen »Bub Ulrich« zornig durch die ritterliche Ehrenstrafe, von der Uhland überlieferungsgetreu dichtet:

> Dem Vater gegenüber sitzt Ulrich an dem Tisch:
> Er schlägt die Augen nieder; man bringt ihm Wein und Fisch;
> Da faßt der Greis ein Messer und spricht kein Wort dabei
> Und schneidet zwischen beiden das Tafeltuch entzwei.

Diese Härte gegenüber dem tapferen Sohn hat der alte Rauschebart vielleicht bereut, als er – mehr als ein Jahrzehnt später (1388) – bei Döffingen in der Nähe von Böblingen den Schwäbischen Städtebund mit der Hilfe Ulrichs entscheidend besiegte, in der Schlacht aber den Sohn fallen sah. Wir schlagen wieder bei Schiller nach:

> Bestürzung hemmt des Sieges Bahn,
> Laut weinte Feind und Freund –
> Hoch führt der Graf die Reiter an:
> Mein Sohn ist wie ein andrer Mann!
> Marsch, Kinder! In den Feind ...!

Dann ist die Döffinger Schlacht geschlagen, die Mannen des Greiners ziehen »mit Hörnerklang ins Lager froh zurück«, um »beim Walzer und beim Becherklang« den Sieg zu feiern. Eberhard jedoch hat sich retiriert:

> Doch unser Graf – was thät er itzt?
> Vor ihm der tote Sohn.
> Allein in seinem Zelte sitzt
> Der Graf, und eine Träne blitzt
> Im Aug' auf seinen Sohn ...

Doch die schwäbische Kunde vom Greiner geht weder bei Schiller noch bei Uhland traurig zu Ende. Einem Recken wie Eberhard stand ja auch die Trauer höchstens episodisch zu Gesicht. Noch als Greis hielt er es mit den Eigenschaften, die ihm seine Beinamen und den Balladen-Nachruhm eingetragen haben: mit dem Greinen und mit dem Rauschen.

Übrigens existiert noch eine variierte Beinamenüberlieferung: »Seinen Zunamen bekam er«, so eine württembergische Chronik des frühen 18. Jahrhunderts, »entweder, weil er im Mutterleib solle geweint haben, oder weil er viele Kriege geführt, daher er *Contentiosus*, der Zäncker, Graner oder Greiner wie auch der Rauschebart genennet worden ...«

Über Eberhards Nachfolger und Enkel, Eberhard den Milden, sind Balladen nicht bekannt geworden. Sanftmut ist kein Balladenthema – schon gar kein schwäbisches.

Der Mann, der Berlin verkaufte
Otto der Faule

Man erinnert sich heutzutage kaum noch daran, daß die bayerischen Wittelsbacher im 14. Jahrhundert leichtfertig die historische Chance vertan haben, dem ganzen späteren Schlamassel mit den Preußen vorzubeugen und dem im Süden so wenig geliebten Berlin die Rolle einer bayerischen Provinzstadt zuzuweisen. Berlin könnte ein nördliches Rosenheim sein – wenn da nicht ein leibhaftiger Wittelsbacher gewesen wäre, der es zusammen mit der Mark Brandenburg für lumpige 200 000 Goldgulden und eine Jahresrente verkauft hätte.

Der Mann, der Berlin und die Mark verkaufte und damit den zweifellos krassesten Fall »unbayerischen Verhaltens« in der Geschichte verkörpert, war der jüngste Sohn Kaiser Ludwigs des Bayern und hieß Otto. Sein Vater, der Kaiser, hatte die Mark erworben, als dort die Askanier ausstarben. Ottos Bruder Ludwig der Brandenburger (auch: der Ältere), zweiter Ehemann der Margarete Maultasch, hatte das Land 1351 an seinen und Ottos Bruder Ludwig den Römer weitergegeben, und Otto selbst übernahm Brandenburg als alleiniger Markgraf und Kurfürst im Jahre 1365, als »der Römer«, der mal in Rom gewesen war, kinderlos verschied. Wir rekapitulieren – denn das Genealogische macht ja oft genug etwas kribblig – die Reihenfolge: Erst Kaiser Ludwig, danach sein Sohn Ludwig der Brandenburger, dann sein jüngerer Sohn Ludwig der Römer, schließlich sein jüngster Sohn Otto.

Die hier aufgezählten Wittelsbacher hatten von Anfang an wenig Freude an der damals noch ziemlich wüsten nördlichen Provinz; einen drastischen Höhepunkt des Ärgers aber markierte 1348 das Auftreten Waldemars des Falschen in der Mark: Ein hochstapelndes Individuum, das später als der Müller Jakob Rehbock aus Hundeluft bei Zerbst (Anhalt) entlarvt wurde, gab sich als der 1319 verschollene und nun, nach langer »Buße«, wiedergekehrte letzte Askanierfürst Waldemar aus und wurde nicht nur von den wittelsbachunlustigen Brandenburgern, sondern auch von Kaiser Karl dem Vierten freudig »anerkannt«. Das »Anerkennen« wurde damals wie heute bedenkenlos pragmatisch gehandhabt. Kaiser Karl nämlich war bemüht, die Wittelsbacher Brüder aus der Mark Brandenburg zu verdrängen, und so paßte ihm dieser märkische Demetrius gut ins Konzept. Er rieb sich die Hände, als der hochstapelnde Müller viel Zulauf fand und innerhalb kurzer Zeit in der Mark populärer wurde als alle märkischen Wittelsbacher miteinand vor und nach ihm.

Erst nach langwierigem Tauziehen setzte Ludwig der Brandenburger 1350 die Entlarvung des Pseudo-Waldemar und die erneute Bestätigung der Wittelsbacherherrschaft in der Mark durch. Er selbst freilich hatte von der staubigen Provinz und von den intransigenten Märkern endgültig die Nase voll. Er retirierte nach Bayern und ins freundlichere Tirol seiner Frau, der Maultasche. Sein früher Tod 1361 und das Abscheiden des jüngeren Ludwig, des Römers, vier Jahre später, erlaubte es dem Kaiser Karl, sich nun ganz auf den letzten brandenburgischen Wittelsbacher zu konzentrieren – auf den Jüngling Otto.

Dieser Otto nun richtete sich nicht an der Größe seiner ottonischen Namensvettern aus, er wollte ein Otto eigener und bequemer Prägung sein. Träge, desinteressiert, sinnlich, freß- und sauflustig, geriet er binnen kurzem in die Netze der kaiserlichen Hausmacht- und Eroberungspolitik. Er heiratete bereitwillig Karls des Vierten Tochter Katharina – gleichsam ein Trojanisches Pferd des Kaisers – und ließ sich beschwatzen, seine eigene »Unmündigkeit« aktenkundig zu machen. Es war nicht fraglich, wer sein Vormund sein würde: Kaiser Karl regierte ab 1366 selbst die Mark. Vier Jahre darauf verlangte Karl dann ganz unverblümt die förmliche Abtretung des Landes. Er fiel 1371 mit einem Heer in die Mark ein und staunte nicht wenig, als sich der bequeme Otto zur einzigen Unbequemlichkeit seines Lebens entschloß und bewaffneten (und zunächst erfolgreichen) Widerstand leisten ließ. Doch unter dem verstärkten Druck des Kaisers, dem sich Frau Katharinas sanfte Agitation wirkungsvoll zugesellte, besann sich Markgraf Otto auf die höhere Weisheit des Entsagens. Noch weitere Scherereien wegen dieses öden Ländchens? Und hatte nicht der Schwiegerpapa eine überaus hübsche Entschädigung in Aussicht gestellt?

Im Jahre 1373 war es soweit: Otto der Faule, wie ihn nun die Märker nannten, verkaufte im Vertrag zu Fürstenwalde die Mark Brandenburg dem Kaiser und dessen Söhnen für eine Abfindungssumme von 200 000 Goldgulden. Hinzu kamen noch ein Jahresgehalt von »3000 Schock böhmischer Groschen« sowie eine Reihe von Schlössern in der Oberpfalz. Und sogar seine Kurstimme und die Erzkämmererwürde ließ ihm der Kaiser – war es nicht ein blendendes Geschäft für Otto? Mußte man sich da nicht einfach auf die Couch legen?

Solchermaßen reich bedacht und versorgt, reiste Otto der Faule gen Süden. Als ein Achtundzwanzigjähriger trat er nun seinen Lebensabend an, den er, wie berichtet wird, »in sinnlichen Genüssen« zu verbringen gedachte. Frau Katharina, die ja nun ihre vom Kaiser bestimmte Rolle ausgespielt hatte, zog sich nach Prag an den väterlichen Hof zurück. Das gab Otto dem Faulen Gelegenheit, auf seinem Schloß Wolfstein bei Landshut wie ein Privatier zu epikuräern. Die abgewanderte Schloßherrin wurde dabei zumeist von einer eingeborenen Müllerstochter namens Margarete vertreten. Otto der Faule hatte recht daran getan, seinen Lebensabend so zeitig ins Auge zu fassen: 1379 bereits ist er vierunddreißigjährig gestorben – ein Frühvollendeter, der sich seinen Beinamen redlich verdient hatte.

Der Tag der Rache
Waldemar Atterdag

Im Herbst des Jahres 1360 ankerte ein dänischer Segler im Hafen der reichen Stadt Wisby auf der Insel Gotland, und ein hochgewachsener, finster blickender Mann verließ das Schiff. Er gab sich als Kaufmann aus, der Wisby kennenlernen und hier Geschäfte tätigen wolle. Bald fand er Zutritt zu den Patrizierkreisen der Stadt. Die Tochter eines einflußreichen Handelsherrn verliebte sich in den stolzen Fremden, und oft sah man das Paar nun auf Spaziergängen entlang der Stadtmauer. Eigenartigerweise schien sich der fremde Kaufmann mehr für die Wehranlagen der Stadt als für die Schöne an seiner Seite zu interessieren. Wenige Monate später wußte man in Wisby, warum ...

Im Sommer des Jahres 1361 ankerten dänische Kriegsschiffe im Hafen der reichen Stadt Wisby, und ein hochgewachsener, finster blickender Mann betrat an der Spitze eines stattlichen Heeres den Boden der Insel. Seine Truppen überwältigten die Gotländer, und durch eine an günstiger Stelle in die Stadtmauer gerammte Bresche drangen die Dänen in Wisby ein; mit ihnen jener »fremde Kaufmann« – der Dänenkönig Waldemar. Es gab ein schreckliches Blutbad und reiche Beute: »Waldemar nam von den borgheren der stad grote beschattinghe an gold unde an sulber unde toch sinen wech«, notierte ein zeitgenössischer Chronist. König Waldemar der Vierte (1320 bis 1375), genannt »Atterdag«, stand auf der Höhe seiner Macht.

Obwohl nur der kriegerisch-blutige Teil dieser Eroberung Gotlands der Geschichte, das Spionage-Vorspiel dagegen der Legende angehört, markieren doch beide Partien zusammen den Charakter und die Politik des Königs. Waldemar Atterdag ist ein militanter, grausamer und verschlagener Fürst gewesen. »Furcht und Zittern« – so ein Bericht aus seiner Zeit – »kam über Alle, die Waldemar heimsuchte, denn er züchtigte Alle gewaltig mit Feuer und Schwert, Gefangenschaft und Tod, bis sie seinem Willen gehorchten ... Männlich kämpfend hat er alle Holsteiner, Deutschen, Schweden und alle Anderen vom westlichen

Meere bis an die Grenzen Schwedens zum Reiche hinausgetrieben ...«

Er hatte das zusammengeschrumpfte Dänemark wieder groß gemacht. Sein schärfster Gegner, Graf Heinrich der Eiserne von Holstein (1317 bis 1384), war nach eisernem Widerstand zurückgewichen, und sogar gegen England (das, wie er fand, »eigentlich ihm gehöre«) rüstete Waldemar einen Heereszug. Um die mächtige Hanse schließlich, die auf die Nachricht von der Plünderung Wisbys mobilgemacht hatte, kümmerte er sich, wie man erzählte, »en Schiet«: Sie sollten nur kommen, die »Gense« von der »Hense«. Und sie kamen – kamen mit vielen Schiffen, und sie wurden bei Helsingborg 1362 in den Grund gebohrt. Doch die Hansestädte verbündeten sich mit den Schweden, den Holsteinern und den Mecklenburgern, sie konnten immer neue Flotten flottmachen, denn sie hatten am Ende viel mehr »gold unde sulber« als der Dänenkönig: Im Frieden von Stralsund (1370) verging Waldemar Atterdag der Spott über die Hanse. Aber auch diesmal sprach er vor sich hin: »Atterdag.« »Atterdag«, das hieß: wieder ein Tag, es kommt ein anderer Tag ... Da würde man schon sehen.

Man hat dieses beinamengebende »Atterdag«, das König Waldemar zeit seines Lebens so oft im Munde führte, sehr unterschiedlich ausgelegt. Die erste Version, die das »Atterdag« im Sinne des spanischen *mañana* deutet, ist oberflächlich: Das träge Verschieben mißliebiger Dinge auf den nächsten Tag paßt in keiner Weise zur Persönlichkeit Waldemar Atterdags.

Nicht ganz überzeugend ist auch eine zweite Auslegung, die diese Lieblingswendung des Königs als Versprechen an sein Volk verstehen möchte, daß nach schlechten Zeiten nun durch ihn, den König, bald ein neuer Tag, eine bessere Zukunft kommen werde. Waldemar wird zwar in der dänischen Geschichte als eine Art Nationalheld geführt, doch war es weniger das Glück seines Volkes, was ihm bei der Befreiung und Ausdehnung Dänemarks am Herzen lag, als der herrscherliche Machtanspruch. Die Dänen sind von dem hochfahrenden und prachtliebenden König hart unterdrückt und ausgenutzt worden.

Eine dritte Deutung des »Atterdag« entspricht Waldemars Charakter besser: Man müsse nur geduldig und zielsicher ausharren, sich durch zeitweilige Mißerfolge nicht beirren lassen und zupacken, wenn die Zeit reif sei. Nichts überhasten, sondern klug sondieren – und erst dann, an jenem anderen Tag, zuschlagen. Zu dieser Deutung stimmt auch die Handlungsweise des Sagen- und Balladenhelden Waldemar Atterdag, des Königs, dem die sorgfältige Vorbereitung der Invasion Gotlands ein halbes Jahr in der Rolle eines Kaufmanns wert ist. »Erst wägen, dann wagen« – so versteht auch Fontane den Beinamen.

Noch eine vierte Interpretation des Beinamens muß referiert werden. Der Hanse-Historiker Dietrich Schäfer hält es für »nicht minder berechtigt«, den Beinamen des Königs von seiner »rachsüchtigen Gemütsart« herzuleiten, die »nie Feindschaft verziehen und geduldig und ohne Vergessen den Tag der Rache abgewartet« habe.

In der Tat, Waldemar Atterdag war kein guter König, sondern ein rücksichtsloser, schwer durchschaubarer, kalt berechnender Despot. Alles andere als ein Untertanenglück stiftender Landesvater, kein christliches Gemüt – und doch ein furchtsam bewunderter, mit wachsender zeitlicher Distanz mehr und mehr volkstümlicher Herrscher. Das stolze Bild, das sich seine Dänen von ihm machten, spiegelt sich in der Diktion jenes (unhistorischen) Briefes, den Waldemar Atterdag an den Papst, mit dem er Ärger hatte, geschrieben haben soll: »König Waldemar dem Papste seinen Gruß! Die Natur haben wir von Gott, das Reich von den Bewohnern, den Reichtum von den Eltern, den Glauben von Deinen Vorfahren. Gönnst Du uns denselben nicht, so schicken wir ihn Dir hiermit zurück. Lebe wohl!«

Waldemars trotzige und im Grunde heidnische Haltung veranschaulicht prachtvoll der Schluß von Theodor Fontanes Atterdag-Ballade:

> ... Und die Jahre gehn und in Roskild-Abtei
> Totkrank liegt Waldemar, Gott steh' ihm bei,
> Sein Blick ist erloschen, fahl sein Gesicht,
> Erzbischof Ansgar aber spricht:
> »Alle Sünde, die Dich quält und brennt,
> Es löscht sie Beicht' und Sakrament,
> Und willst Du Dein Gewissen still'n,
> Hier bin ich, sprich Deinen letzten Will'n.
> Uns're Kirch' ist arm, wer sie speist und tränkt,
> Dess' auch die Kirch' in Liebe gedenkt,

Dein Spruch war immer: Eile mit Weil,
Aber jetzt eilt es mit Deinem Heil,
Säen ist ernten und Opfer Ertrag;
Säe, König.«

>>Atterdag<<

Er veranstaltete Feldzüge ins Elsaß, nach Tirol und nach Italien. Er focht gegen bayerische, schwäbische und italienische Städte, bekriegte Venedig und Regensburg, den Erzbischof von Salzburg, den König Wenzel, seinen Bruder Johann und Nürnberger Kaufleute. Er kniete vor dem Papst zu Rom und verpraßte sein Geld in Padua und Ferrara. Er tanzte als Schwiegersohn am Hof zu Mailand, als Schwiegervater am Königshof von Paris und als Großvater in Brüssel. Er genoß sportlichen Ruhm als Lanzenreiter auf Turnieren, Kredit als Kunde der Couturiers seiner Zeit – und die wohlwollende Nachsicht seiner bayerischen Untertanen: Herzog Stephan der Dritte von Bayern-Ingolstadt, genannt »der Kneißel«, geboren 1337, gestorben 1413.

Als im Jahre 1375 der alte Herzog Stephan der Zweite – ein »wohlgesinnter« Fürst, dessen ungewöhnlichen Beinamen »mit der Hafte« man etwas unsicher aus seiner Vorliebe für bestimmte Spangen und Haften an seiner Garderobe erklärt –, als also Stephan mit der Hafte zu seinen Wittelsbacher Ahnen versammelt wurde, mußten sich in Bayern nicht weniger als vier Fürsten in das Ländchen teilen: Stephans Söhne Stephan der Dritte, Friedrich und Johann der Zweite sowie der bereits vorgestellte Ex-Brandenburger Otto der Faule. Diese wittelsbachische Kooperation ging zeitweilig gut, öfter schlecht, man stritt, bekriegte und versöhnte sich, und wenn mal wieder einer der Herzöge gestorben war, zog man die Grenzen neu oder fand ein zunächst immer freundliches, dann bald wieder gespanntes Onkel-Neffe-Sohn-und-Vetter-Arrangement.

Stephan der Dritte der Kneißel war sicherlich nicht die bedeutendste Gestalt unter den Bayernherzögen des späten 14. und frühen 15. Jahrhunderts. Aber er überlebte nicht nur seine Brüder Friedrich und Johann sowie seinen Onkel Otto, sondern er überstrahlte sie alle auch als ein tatenlustiger und leutseliger Fürst, als ein mäßiger Politiker, unmäßiger Landesvater, aber sehr großer Herr.

Ein großer Herr, ein kleiner Kerl: Herzog Stephan wird

als »klein, aber nett gestaltet«, als ein zierliches, flottes Männchen geschildert, das es in sich und hinter den Ohren hatte. »Er war alzeit in seinem wesen köstlich und wol gebutzt in seinen kleidern«, heißt es in einer alten ›Chronik bey Freyberg‹; er trat prunkvoll und modebewußt, fröhlich und gespreizt auf und war stets auf dem Sprung in kriegerische, erotische oder bacchantische Abenteuer. Er verpraßte die Einkünfte seines Ländchens, die Mitgift seiner ersten Frau und die Honorare, die er sich als Condottiere in Italien verdiente – aber man konnte ihm nicht böse sein. Im Gegenteil: seine Bayern liebten ihn – so wie sie fünfhundert Jahre später den noch unmäßigeren und spleenigeren Ludwig den Zweiten liebten. Sie waren stolz darauf, daß ihr Herzog für sich selbst eine glänzende Partie mit der 100000-Gulden-Tochter des Barnabas Visconti von Mailand und für seine Tochter Elisabeth (später als Königin Isabeau unrühmlich berühmt) eine höchst ehrenvolle Heirat mit Frankreichs König Karl dem Wahnsinnigen – siehe dort! – arrangierte. Und weil der Herzog – wenn er sich mal, meist zu Zeiten akuten Geldmangels, in Bayern aufhielt – stets von Bonhomie nur so strotzte und auch hier und da seinen Untertanen wohlwollend auf die Schulter klopfte, nannten sie ihn »den Gütigen«.

Immer mehr aber setzte sich in Bayern schon zu seinen Lebzeiten ein anderer Beiname durch, einer der originellsten Fürstenbeinamen, den die mittelalterliche deutsche Geschichte verzeichnet: »der Kneißel«, mitunter auch als »der Kneußel« oder »der Kneiffel« notiert.

Der Begriff kommt weder in mittelhochdeutschen noch in neueren deutschen Wörterbüchern vor; er wird in Schmellers ›Bayerischem Wörterbuch‹ genannt, aber auch dort nur ungefähr erklärt: »Kneißel« – ein altes bayerisches Mundartwort, das so etwas wie einen herausgeputzten, sich spreizenden Burschen, ein prachtvoll ausstaffiertes »Mannsbild«, einen Dandy bezeichnet. Man muß es sich bayerisch ausgesprochen vorstellen: »Er is a rechta Kneißel« – ein eitler, aber durchaus kein übler Kerl, einer, den man halb ironisch, halb bewundernd anschaut. Der Begriff ist heuzutage in Bayern kaum mehr geläufig, aber als Familiennamen gibt es ihn noch; ein berühmter Räubersmann hieß so. Für eine Entsprechung im Mittelhochdeutschen hält man das Adjektiv »knûz«, das »keck, vermessen, hochfahrend« bedeutet.

Die Variante »Kneußel« läßt sich leicht aus der, sagen wir, unreinen Aussprache des bayerischen *ei* erklären, doch bei der später häufig verwendeten Form des Beinamens »Kneiffel« kann es sich, wie Sigmund Riezler schließt, nur um eine Verballhornung als Folge eines Abschreibfehlers handeln. Stephan der Kneißel – das wäre also, wollte man ins Neuhochdeutsche übersetzen, Stephan der Prachtvolle, Stephan der Herausgeputzte oder – mit fast schon zu negativem Akzent – Stephan der Gespreizte.

Ein Beiname also, der prächtig zu dem netten, eitlen, lebenslustigen und abenteuersüchtigen Herzog paßt, zu einem Fürsten, der »Weiber, Widersacher und Schulden« (Riezler) nie loswurde, der noch als Sechziger eine zweite Ehe einging und durch die Straßen Roms einmal als »wol gebutzter« Gesandter des deutschen Königs, ein andermal als reuiger (das heißt: nach Prassereien mittelloser) Pilger zog.

Aber nicht nur in Katerstimmung erwies sich Stephan der Kneißel als frommer Sohn der Kirche: Weil ihm das Ave-Läuten italienischer Kirchen so gut gefiel, erwirkte er eigens ein päpstliches Breve, wonach dieses stimmungsvolle Ave-Läuten auch in Bayern eingeführt werden durfte. Viel mehr als diese tolle Errungenschaft freilich hatte das Land seinem Kneißel kaum zu verdanken.

Der König als Hofnarr
Karl der Wahnsinnige

Nicht allzu oft ist die *grande nation* von so großen Granden wie dem »Sonnenkönig« Louis und Charles von Gallien (alias de Gaulle) geführt worden, und obwohl einige Herrscher immerhin nach Charlemagne hießen, machte Frankreich vor sechs Jahrhunderten schlimme Zeiten durch. Gegen England wurde ein »hundertjähriger Krieg« geführt, der sich ganz überwiegend auf französischem Boden abspielte: Fremde Söldnerscharen durchstreiften und plünderten das Land, Dörfer und Städte brannten, das Volk lehnte sich gegen immer neue Steuern auf, quer durch die Nation zogen sich Fronten und Interessengegensätze, und in der Politik beherrschten Intrigen, Mord und Totschlag das Bild. Es war also eine Situation, die einen großen Karl gebraucht hätte, einen noch größeren Karl, als es seit 1364 der nur mittelgroße Karl der Fünfte gewesen ist. Dieser König Karl (Charles) von Valois, der ein bißchen »schwächlich gebaut«, aber immerhin klug und gelehrt war und deshalb den – etwas zu anspruchsvollen – Beinamen »der Weise« erhielt, tat Frankreich den schwerwiegenden Tort an, früh zu sterben. Sein Söhnchen Karl war erst zwölf Jahre alt, als es 1380 die Krone, das Reich und vor allem den Krieg erbte: eine grandeurträchtige Aufgabe, die sich für den königlichen Knaben jedoch schnell als eine Gleichung mit allzu vielen Verwandten erwies. Eine Aufgabe, die den schwachen Kopf, der sie lösen sollte, mehr und mehr verwirrte. König Karl der Sechste taumelte als Werkzeug diverser Mitglieder der königlichen Familie über vier Jahrzehnte zwischen Tag und Nacht, zwischen der rauhen, trüben Welt der Realität und dem sanfteren Halbdunkel des Wahnsinns hin und her. Die Situation, die einen großen Karl gebraucht hätte, komplizierte sich fürchterlich, weil die Genealogie der Familie Valois ihr noch weniger als einen kleinen Karl bescherte: einen närrischen Karl.

König Karl der Sechste wird zunächst von seinen drei Onkeln, den Herzögen von Burgund, Berry und Anjou, und dann von seinem jüngeren Bruder, dem Herzog Ludwig von

Orléans, gegängelt und gelenkt, und obwohl er schon als Kind und Jüngling erkennen läßt, daß er – mindestens zeitweilig – »schwach in seinem Haupte« ist, erklärt er 1388, zwanzigjährig, daß er von nun an allein regieren wolle. Die Verwandtschaft vermerkt stirnrunzelnd diesen Entschluß und beschließt die Veranstaltung eines Spektakels, das die latente Schizophrenie und Regierungsunfähigkeit des Königs drastisch veranschaulicht. Bei einem Kriegszug in die Bretagne – es ist ein heißer Augusttag des Jahres 1392 – erreicht König Karl mit seinen Begleitern ein Waldgelände bei Mans ...

»Plötzlich«, so berichtet Jean Froissart, »kam ihm ein Mann mit bloßem Haupt entgegen, nackt und nur mit einer Kutte aus grobem weißen Tuch bekleidet. Und es sah eher aus, daß er verrückt war als weise. Und er sprang kühn zwischen zwei Bäumen hervor und nahm das Pferd, das der König ritt, beim Zaume und brachte es zum Stehen und sagte: ›König, reite nicht weiter, sondern kehr um, denn du bist verraten.‹ Dieser Ausruf setzte sich in den Kopf des Königs, der schwach war, woraus seitdem viel Übel gekommen ist, denn sein Geist war gestört und vermischte alles ... So ritt der König von Frankreich in der Sonnenhitze über eine Ebene und ein Sandgelände, und es war so furchtbar heiß wie niemals zuvor ... Und er war mit einem schwarzen Samtwams bekleidet, das ihn sehr drückte, und auf seinem Haupte hatte er eine purpurrote Schweifkappe und einen Rosenkranz aus weißen und roten Perlen, den die Königin, seine Gemahlin, ihm zum Abschied gegeben hatte ...«

Da klirrte es plötzlich hinter Karl: Die Lanze eines Pagen war an einen Helm gestoßen. »Der König, der so dicht bei den Pagen war, daß ihre Pferde sich fast berührten, fuhr heftig zusammen, und sein Geist verwirrte sich, denn er hatte noch den Eindruck der Worte im Sinne, die der Verrückte oder Weise ihm im Wald von Mans gesagt hatte. Und dem König kam die Vorstellung, daß seine Feinde in großen Scharen heraneilten, um ihn zu töten. In diesem Irrtum verwirrte er sich durch die Schwäche seines Geistes und gab seinem Pferd die Sporen und schoß voran und zog sein Schwert und wandte sich gegen die Pagen und erkannte sie nicht mehr und auch nicht die anderen Menschen. Und er glaubte in einer Schlacht zu sein und von seinen Feinden umzingelt. Und er schwang sein Schwert und hob sich im

Sattel, um zuzustoßen und einen Schlag zu versetzen, wem, kümmerte ihn nicht, und er schrie und sagte: ›Vorwärts, vorwärts auf diese Verräter!‹ Die Pagen sahen den König so in Wut und fürchteten sich aus gutem Grund ... So stoben sie auf ihren Pferden davon, der eine hierhin, der andere dorthin. Der Herzog von Orléans war gerade nicht weit vom König entfernt. Der König ging mit bloßem Schwert auf ihn los. Und schon hatte der König durch Verwirrung und Schwäche des Kopfes das Bewußtsein davon verloren und wußte nicht mehr, wer sein Bruder und wer sein Onkel war. Als der Herzog von Orléans ihn so mit entblößtem Schwert auf sich zukommen sah, war er von Furcht ergriffen und wollte nicht abwarten, und das mit gutem Grund, und gab seinem Pferd die Sporen und der König hinterher ...«

Der halbnackte Waldschrat hatte sich als Werkzeug der Schocktherapeuten bestens bewährt: Die Onkel-Clique hatte dem Wahnsinn des Königs höchst anschaulich zu einem dramatischen Durchbruch verholfen und klargemacht, daß es ohne Regentschaft, also ohne Onkel, nicht gehen werde. Der beim Wahnsinnsausbruch des Königs zu so erschreckter Fluchtgaloppade gezwungene Herzog Ludwig von Orléans hielt es seinerseits für ausgemacht, daß es ohne *ihn* nicht gehen werde, und da die Königin Isabeau – alias Elisabeth, Tochter Stephans des Kneißels von Bayern – ihrerseits das begonnene Intrigenspiel skrupellos mitspielte, schloß sich Ludwig »zu diesem Behufe an die Königin bis zu einer verdächtigen Vertraulichkeit an«. Ludwigs Gemahlin Valentina wiederum, so meldet ›Beckers Weltgeschichte‹, »die voll Ehrgeiz und Ränkesucht war, blies das Feuer noch mehr an ... Die Herrschaft der Parteien wechselte, aber die schimpfliche Vernachlässigung des Königs, dessen Kindern es oft am Nötigsten fehlte, der außerordentliche Druck des Volkes und die frevelhafte Üppigkeit des Hofes blieben sich gleich ...«

Da geschah es, daß sich König Karl der Wahnsinnige zeitweilig aus seinem Wahn aufrappelte und den Eindruck erweckte, er werde demnächst in der Lage sein, die Rolle des bequem lenkbaren Hofnarren aufzugeben. Bruder Ludwig von Orléans begegnete dieser unerhörten Anmaßung mit einem Plan, der die Waldschrat-Veranstaltung der Onkel-Clique weit in den Schatten stellte. Er organisierte eine höfische Maskerade und überredete den bedauernswerten König

Karl, bei diesem Fest mit seinem Gefolge in bestimmten »gefälligen Waffenröcken von doppeltem Gewebe, angefüllt mit Pech und Fett« aufzutreten. Was dann bei dieser »Lustbarkeit« geschah, schildert der Verfasser des ›Livre des trahisons de France‹:

»Dann sprangen Trompetenbläser voran und Sänger mit Flöten, Tamburins und Schalmeien, die die schönsten Melodien spielten. Aber gerade in dem Augenblick, da die Tänze beginnen sollten und sie sich inzwischen nach Art der Wilden an den Händen hielten, ließ Herzog Ludwig die Fackel, die er ihnen vorantrug, wie durch Zufall, aber mit voller Absicht, mitten zwischen die Tanzenden fallen, wodurch das Feuer einen von ihnen ergriff. Und weil sie so dicht einer an dem anderen standen, konnten sie sich nicht davor bewahren, daß alle vom Feuer erfaßt wurden. Und wenn nicht ein silbernes Strumpfband gewesen wäre, an welchem die Damen den König erkannten, so hätte er den Tod gefunden, ohne daß man je etwas von ihm wiedergesehen hätte. Aber sie bedeckten ihn mit ihren Kleidern und löschten das Feuer, so daß es sich nicht ausbreiten konnte ... Von den anderen waren vier oder fünf auf der Stelle tot und verbrannt ... Wegen dieses Ereignisses geriet die Stadt in Panik, und aus der Stadt Paris liefen mehr als vierzigtausend Menschen herbei, weil schon das Gerücht umging, man wolle den König ermorden. So kam dies ganze Volk daher und schrie: ›Zu den Waffen!‹«

Voilà, ein höfisches Sittenbild aus ritterlicher Zeit! Das Volk freilich ließ die Waffen, nach denen es gerufen hatte, noch fast vierhundert Jahre lang – bis 1789 – in den Depots. Herzog Ludwig von Orléans aber hatte sein Ziel – einmal vorausgesetzt, daß er nur die erneute Verwirrung, nicht den Tod seines königlichen Bruders beabsichtigte – vollauf erreicht: Karl der Wahnsinnige bestätigte nach diesem erneuten Schock dauerhaft und verläßlich seinen Beinamen. Bei Hofe konnte noch für einige Jahrzehnte, bis zu Karls Tod im Jahre 1422, der intrigante Wettstreit um die Position des Narrenlenkers fortgesetzt werden. Ein Streit, der zeitweilig aus den Kabinetten und Gängen des Schlosses hinaus auf die Straßen von Paris getragen wurde und bürgerkriegsähnliche Formen annahm, als der teuflische Brandstifter Ludwig von Orléans 1407 von Beauftragten des Burgunderherzogs Johann ohne Furcht ermordet wurde. Keine Heldentat des

»Furchtlosen«, der, wie Olivier de la Marche berichtet, »niemandem traute und deshalb unter seinem Gewand stets Waffen trug« – eine Tat jedoch, die allgemein begrüßt und sogar von einem Sorbonne-Professor öffentlich verteidigt wurde.

König Karl der Wahnsinnige lächelte blöde, als man ihm von der Ermordung seines Bruders berichtete, und er lächelte immer noch, als ihm zwölf Jahre später die Nachricht von der Ermordung des Mörders, des mächtigen Johann ohne Furcht, überbracht wurde.

Es waren schlimme Zeiten für die *grande nation*. Doch in Domrémy hütete das Mädchen Jeanne d'Arc schon ihre Kühe.

Das Ende einer Badesaison
Philipp der Gute und Karl der Kühne

»Wie!« sprach Herzog Philipp der Gute von Burgund am 17. Januar 1457 zu seinem Sohn Karl. – »Wie! Wollt Ihr nicht tun, was ich will?« Und keß antwortete der Sohn: »Hoher Herr, ich will Euch gern gehorchen – aber dies werde ich nicht tun!« Herzog Philipp, »rasend vor Zorn«, wie die ›Chronique‹ des Georges Chastellain erzählt, schrie: »Ha, Bursche, wirst du meinem Willen folgen? Geh mir aus den Augen!« Und »das Blut drückte ihm mit den Worten aufs Herz, und er wurde bleich und dann plötzlich wieder flammend rot und so schrecklich verändert in seinem Gesicht, daß es gräßlich anzusehen war«.

Generationenzwist im Hause Burgund: Der Jüngling Karl mauserte sich auf der Bahn zu späterer Kühnheit zunächst zu Karl dem Kessen. Vater Philipp sah es mit Sorge. Doch nur vorübergehend verdunkelten Zorn und Kummer die landes- und familienväterliche Güte des alten Herrn, dem schon zu Lebzeiten in der reichen burgundischen Geschichtsschreibung beinamentlich diese schönste Charaktereigenschaft bescheinigt wurde. Philipp, der Sohn des schon erwähnten Herzogs Johann ohne Furcht, hatte Burgund, das alte lotharingische Mittelreich zwischen Frankreich und Deutschland, in der ersten Hälfte des 15. Jahrhunderts groß gemacht. Und als sich der gute Fürst 1467 nach längerer Krankheit zum Sterben legt, trauern die Untertanen und urteilen die Geschichtsschreiber:

»Das Volk war tief bestürzt« – so Chastellain – »über den Tod seines Herrn, und die Leute liefen herbei, und sie hatten ganz lange Ohren vor lauter Traurigkeit ... Und ihre Herzen, ob Mann oder Frau, die auf die Straße oder in die Kirche kamen, strömten über vor Tränen, und sie weinten, als ob die Welt unterginge ...«

»Die Untertanen des Hauses Burgund« – dies nach Philippe de Commynes – »lebten in großem Reichtum wegen des langen Friedens, den sie genossen hatten, und wegen der Güte des Fürsten, der über sie geherrscht und der wenig Steuern von ihnen gefordert hatte ... Seine Länder waren

voll von Reichtümern und befanden sich in tiefem Frieden
... Aufwand und Kleidung waren sowohl bei den Männern
als auch bei den Frauen prächtig und im Überfluß, Gelage
und Festmähler größer und verschwenderischer als an jedem
anderen Ort, von dem ich weiß, Badereien und andere Lustbarkeiten mit Frauen groß, zügellos und ohne Scham ...«

Goldene Jahre im alten Burgund – so ungewöhnlich friedlich, fröhlich, flott, daß sich die Bürger im Badezuber mitunter ahnungsschwer fragten, wie lange wohl noch Zeit für
solche Lustbarkeiten bleiben, ob denn auch der Nachfolger
des guten Herzogs seinen Burgundern Wein, Weib und Ba-
dewasser gönnen würde. Die Chronisten nahmen deshalb
den kessen Karl früh unter die Lupe: Er sei »hitzig, lebhaft
und trotzig« und »wolle immer seinen Willen durchsetzen«,
aber er sei auch »verständig«, »höflich« und habe »einen
hohen Sinn«, wägt Olivier de la Marche ab. Auch »pflegte er
sein Gehaben und Betragen auf gebildete Gespräche zu richten, und zwischen Spiel und Lachen gefiel er sich darin,
schön zu sprechen und seine Getreuen zu den Tugenden zu
ermahnen wie ein Redner«, ergänzt Chastellain ... Aussicht
auf Fortdauer burgundischer Badefreuden?

Schon vor dem Tode Philipps des Guten mehrten sich die
Anzeichen, daß sich die goldgelbe Ära im beneluxischen
Burgund rötlich-kriegerisch verfärben würde. Der Throner-
be Karl, der den Titel eines Grafen von Charolais führt,
nimmt dem kranken Vater zuerst inoffiziell, seit 1465 auch
offiziell die Regierungsgeschäfte ab und stürzt sich alsbald in
einen Konflikt mit dem ebenso tückischen wie schlauen König Ludwig dem Elften von Frankreich: »Krieg der allgemeinen Wohlfahrt« nannte man paradoxerweise das Unternehmen, in dessen Verlauf einige glorreiche Schlachten geschlagen und zahlreiche Städte zerschlagen wurden. Die Badezuber verbrannten ...

Man schreibt den 16. Juli 1465. Nicht weit von Paris, bei
Montlhéry, treffen die Armeen Burgunds unter Karl und das
königlich-französische Heer aufeinander. Die Burgunder
marschieren ebenso ungeordnet auf wie die Franzosen. Die
Schlachtpläne sind simpel, noch einfältiger aber sind die
Köpfe, die sie realisieren sollen: Niemand weiß so recht,
wem er (und wo) den Schädel einzuschlagen hat. Zusätzliche
Verwirrung stiftet der Einsatz jener neumodischen »Kriegs-
maschinen«, die man Kanonen nennt und die in so schnöder

Weise die herkömmliche Tapferkeit des ritterlichen Einzel-kämpfers überflüssig machen können. Die Konfusion ist groß und – wie der Augenzeuge Philippe de Commynes ergeben schließt –»ein Vollzug göttlichen Willens …« »Gott bewies, daß die Schlachten in seiner Hand liegen und er nach seinem Belieben den Sieg verteilt. Ich glaube nicht«, so gibt der Ahnungslose der Nachwelt zu bedenken, »daß der Geist eines Menschen eine so große Menschenmasse in Ordnung halten kann …«

Spätere Geschichtsschreiber führen freilich den Sieg der Burgunder in dieser Schlacht nicht ausschließlich auf Uner-forschliches, sondern auf die numerische Überlegenheit der Armeen Karls von Burgund zurück. Karl selbst hatte nicht geringen Anteil am Sieg. Es war ein schicksalhaftes Ereignis für ihn und für Burgund. »Vor diesem Tag«, so erzählt unser Korrespondent, »war Karl kriegerischen Dingen fremd und liebte nichts, was damit zusammenhing; aber danach änder-ten sich seine Gedanken. Denn er hat bis zu seinem Tode unaufhörlich Kriege geführt …« Es war also der Tag, an dem aus dem »hitzigen« und »lebhaften«, aber auch »ver-ständigen« und »höflichen« Thronerben Karl von Burgund Karl der Kühne wurde. Aus dem Regenten der Reiteroberst.

Karl focht wie ein Berserker, er gönnte seinen Truppen keine Rast, führte sie, sammelte sie zu immer neuem Gemet-zel, er »erhielt mehrere Hiebe, unter anderem einen Degen-stich in die Kehle«, aber er ruhte nicht, bis das Korn der Gegend völlig platt, »das ganze Schlachtfeld mit Toten und Pferdeleichen übersät« und der Sieg seinen Burgundern zu-gefallen war. Karl hatte nicht nur Blut verloren, sondern auch Blut geleckt: Er fühlte sich von Stund an als Kriegs-mann und dürstete nach immer neuem Ruhm. »Niemanden gab es, der in allen Fährnissen mehr Strapazen ertragen konnte als er«, erzählt Philippe de Commynes. »Keinen ha-be ich gekannt, der kühner gewesen wäre als er. Nie habe ich ihn sagen hören, er sei müde, noch einen Anschein von Furcht an ihm beobachtet … Seine Gedanken und Ent-schlüsse waren groß, doch wenn Gott in seiner Allmacht nicht hilft, kann niemand sie zu Ende führen.«

Groß war das Land, das Philipp der Gute seinem Sohn endgültig im Jahre 1467 hinterließ: Das Burgunderreich er-streckte sich von der Nordsee bis zu den Alpen, vom Rhein bis an die Somme. Es war »reich an großen und schönen

Städten« und zeitweilig mächtiger als Frankreich. Nach Karls »großen Gedanken« aber sollte das Ganze noch viel größer werden: Das war es, was ihn schon früh zu Karl dem ehrgeizig Kühnen machte und sein Reich zehn Jahre später in einen Trümmerhaufen verwandelte. Herzog Karl der Kühne führte Kriegszüge in alle Himmelsrichtungen. Er hoffte, mit einem Angriff auf das deutsche Reich die Königskrone für Burgund zu ertrotzen, er versuchte durch ein Bündnis mit England Frankreichs König Ludwig den Elften zu überwinden, und er entschloß sich schließlich – nach vielen ehrenvollen, aber halben Siegen – zu weiterer Expansion im Süden seines Staates. Nach zwei fürchterlichen Schlappen, die ihm schweizerische Heere – Bauern mit dem Idol Wilhelm Tell im Tornister – in den Schlachten von Grandson und Murten 1476 beigebracht haben, zieht Karl der Kühne am 5. Januar 1477 in das Gefecht von Nancy. Es ist sein letztes:

»Seine Leute wurden getötet oder in die Flucht geschlagen. Viele retteten sich. Der Rest war tot oder gefangen. Und unter anderen starb hier auf dem Schlachtfeld der Herzog von Burgund. Ich will nicht«, so wiederum Philippe de Commynes, »von der Art seines Todes sprechen, weil ich nicht dabei war. Mir ist aber über den Tod des Herzogs von einigen erzählt worden, die ihn auf die Erde geworfen gesehen haben und ihm nicht helfen konnten, weil sie Gefangene waren. Als sie ihn sahen, war er noch nicht tot; eine große Anzahl von Leuten aber stürzte über ihn, erschlug ihn und plünderte ihn aus, ohne ihn zu erkennen ...«

Philippe de Commynes erhebt seine Stimme und den Zeigefinger: »Nach ihrem langen Glück und großen Reichtum und nach drei großen, guten und weisen Fürsten, den Vorfahren dieses letzten ..., gab Gott ihnen diesen Herzog Karl, der sie ständig in großen Kriegen, Mühsal und Unkosten hielt, und dies fast ebenso im Winter wie im Sommer ... Nun hat unser Herrgott mit einem Schlage dieses so große und glanzvolle Gebäude, dieses mächtige Haus, niedergeworfen ...«

Glücklich das Land und das Volk, so können wir im Sinne des Chronisten folgern, dem allzu kühne Herrscher erspart bleiben. Wie kommt es da wohl, daß Karl der Kühne in der Geschichte so berühmt ist, während man sich an Philipp den Guten gar nicht mehr erinnert?

Die ungleichen Brüder
Johann der Alchimist, Friedrich Eisenzahn,
Albrecht Achilles und Friedrich der Fette

Schon in drei Kapiteln haben wir von brandenburgischen Fürsten erzählt: von einem matten Wittelsbacher (Otto dem Faulen) und von zwei tüchtigen Askaniern (Albrecht dem Bären und Otto mit dem Pfeil). Aber jetzt erst kommen wir zu der Etappe, in der es mit Brandenburg richtig losgeht. Es ist das 15. Jahrhundert, und endlich sind die Hohenzollern im Lande; das lange historische Präludium ist vorüber, und das Präborussicum setzt ein.

Der erste tüchtige Hohenzollern-Kurfürst Friedrich der Erste – man erinnert sich, es ist der, der mit der »faulen Grete« auf die Raubritterburgen der Quitzows schoß – ist leider und unverdientermaßen ohne Beinamen geblieben. Doch Friedrich der Erste hatte vier Söhne, und alle vier stehen mit so originellen Beinamen zu Buche, daß wir guten Anlaß haben, uns den frühen Hohenzollern ausführlich zuzuwenden.

Friedrichs Ältester, 1403 geboren, war Johann, der bereits als Neunjähriger mit einer sächsischen Prinzessin verheiratet und als Einundzwanzigjähriger mit der Regentschaft in der Mark betraut wurde: beides Entscheidungen des Vaters, mit denen der Prinz überfordert war. Johann gehört zu den Hohenzollernfürsten, denen die Preußen-Historiker selten mehr als ein paar beiläufige Sätze gewidmet haben. Er war ein friedlicher, introvertierter Mensch, und das Steckenpferd, dem er sich verschrieben hatte, war ihm weit wichtiger als die dringend erforderliche Stabilisierung der Hohenzollernherrschaft in der Mark. Nicht um den flatternden roten Adler, sondern um den magischen »Roten Löwen« – den »Stein der Weisen« – ging es ihm: Johann hielt es mit der Alchimie. Er betrieb sie, wie übrigens manche andere Fürsten seiner Zeit auch, leidenschaftlich und intensiv, aber natürlich erfolglos. Die ersehnte »Transmutation«, die Verwandlung unedler Metalle in Gold, gelang Johann »dem Alchimisten«, wie er schon zu Lebzeiten genannt wurde, so wenig wie nach ihm Kaiser Rudolf dem Zweiten und weiteren höfischen Tüftlern. Doch Johann kochte und mischte und rührte seine Tinkturen und Elixiere so unbeirrt und unbeeindruckt von den Erfordernissen der Regentschaft, daß seinem Vater, dem Kurfürsten, ernste Zweifel an der Vereinbarkeit von Wissenschaft und Politik kamen. Deshalb ließ er eines Tages seinen Ältesten aus dem Labor zu sich rufen, um ihm – wie Enea Sylvio Piccolomini phantasievoll erzählt – das folgende zu eröffnen: »Dein Streben geht, wie ich sehe, vorzüglich auf Ruhe und Gemächlichkeit. In dem Kurfürstentum findest du aber nichts als Sorge und beständige Arbeit. Dieserhalb werde ich, wenn ich das mit deiner freien Zustimmung tun kann, die Mark Brandenburg, der die Kur angehört, deinem dir im Lebensalter am nächsten stehenden Bruder Friedrich vermachen, da derselbe wachsamer und ausdauernder in der Arbeit ist, als du mir erscheinst ...«

Johann dachte an die neue Mixtur, die er in Ruhe zu brauen plante, und antwortete erleichtert dem Kurfürsten: »Ich liebe und verehre Euch, Vater, darum noch mehr als sonst, da Ihr, nach Eurem letzten Willen, mir Muße und ihm [dem Friedrich] Mühen bescheiden wollt.«

Johann der Regent wurde nun endgültig zu Johann dem Alchimisten. Er verlegte sein Labor ins Fränkische, wo ihm der Vater Besitzungen zugewiesen hatte, und starb 1464, ohne einen Erben gezeugt und den Stein der Weisen gefunden zu haben. Ein aparter Hohenzoller.

Während Johann in Frieden mit seinen Pülverchen hantierte, mußte sich sein Bruder Friedrich mit dem Sprengstoff befassen, der sich unter der schlaffen Regierung des Alchimisten in der Mark akkumuliert hatte. Vater Friedrich der Erste, der meist auswärts mit reichspolitischen Aufgaben beschäftigt war, hatte seinem Zweitältesten wahrlich »alle Mühen beschieden«.

Friedrich der Zweite, geboren 1413, seit dem Tode des Vaters 1440 Markgraf und Kurfürst, hat erst von »späteren Schriftstellern« (wie Otto Hintze schreibt) die Beinamen »Eisenzahn« oder »mit den eisernen Zähnen« oder »der Eiserne« erhalten – Benennungen, die nicht etwa auf einen für die damalige Zeit ungewöhnlichen Zahnersatz deuten, sondern Friedrichs Zähigkeit, seine eiserne Konsequenz bei der Verfolgung politischer Ziele bezeichnen. Wer aber aus den Beinamen, von denen sich »Eisenzahn« vor den anderen Varianten behauptete, folgern wollte, daß Friedrich der Zweite ein kriegerisch-zackiger Hohenzoller gewesen sei, geht völlig fehl. Friedrich wird vielmehr einhellig als ein im Grunde schwerblütiger, religiöser und introvertierter Mensch geschildert, den zeit seines Lebens die Erinnerung an seine erste, frühverstorbene Braut nicht losließ.

Es ist eine Geschichte wie aus der Sammlung der Brüder Grimm: Friedrich wurde als achtjähriger Prinz der polnischen Königstochter Hedwig versprochen und am polnischen Königshof als künftiger Thronfolger erzogen. Hedwig und Friedrich waren einander als kindliche Spielgefährten und dann als Heranwachsende »von Herzen zugetan«. Doch da entschloß sich Polens König Wladyslaw, der eigentlich schon die Hoffnung auf einen männlichen Erben aufgegeben hatte, zu einer vierten Heirat mit Sophie von Kiew, und aus dieser Ehe gingen sage und schreibe noch drei Prinzen hervor. Es liegt auf der Hand, daß Friedrich und Hedwig nun unter dem eifersüchtigen Regiment der »bösen Stiefmutter« bitter zu leiden hatten. Mehr noch: Prinzessin Hedwig starb ganz plötzlich, und man munkelte, daß sie von der Stiefmutter vergiftet worden sei. Im Innersten getroffen, kehrte der jetzt achtzehnjährige Prinz nach Brandenburg zurück: »Wie Dantes Beatrice«, erzählt Otto Hintze, »hat die Gestalt der Frühvollendeten ihm noch in viel späteren Jahren als ein verklärter Schutzgeist vor Augen gestanden.«

Obwohl Friedrich Eisenzahn hier und da seinen träumerischen und christlich-missionarischen Neigungen Raum gab, hat er als Regent und Kurfürst der Mark Brandenburg doch erstaunlich realistisch und tatkräftig das Nötige, ja Entscheidendes für die Konsolidierung der Hohenzollernherrschaft getan. Der Melancholiker hat eisern die Zähne zusammengebissen und sowohl die eigenmächtigen Städte der Mark, namentlich das im »Berliner Unwillen« revoltierende Gespann Berlin-Cölln, als auch den aufsässigen Adel gebändigt. Außerdem hat er die Neumark, das »Land jenseits der Oder«, seinem Territorialstaat angegliedert. Und als ihm 1444 doch noch die polnische Königskrone angeboten wurde, hat er sie – mit dieser Entscheidung schließt gleichsam das polnische Märchen von Hedwig und Friedrich – stolz und im Interesse der Mark abgelehnt.

Ein sehr bemerkenswerter Hohenzoller: Kaiser Wilhelm der Zweite hat ein Zitat Friedrich Eisenzahns über dem

Portal des Königlichen Schlosses zu Berlin anbringen lassen: »Iss wol einen jedermann witlik dat wy sind all unnse leve dage na hader edder krige ny bestan gewesst und begern noch hutigen dages nicht anders dann men ere und rechts.« Der Kaiser hat das wohl schön gefunden, aber als Devise leider kaum beherzigt.

Friedrich Eisenzahn hat im Jahre 1470 seinem ein Jahr jüngeren Bruder Albrecht die Regierung der Mark Brandenburg überlassen. Er wollte den Rest seiner Tage in Frieden auf der fränkischen Plassenburg verbringen. Dieser Rest war allzu kurz: Im Februar 1471 ist der erinnerungswürdige Eisenzahn gestorben.

Der dritte Sohn Friedrichs des Ersten, der 1414 geborene Albrecht, der nun für anderthalb Jahrzehnte (bis zu seinem Tode 1486) das märkische Kurfürstenamt übernahm, hatte sich schon vor dem Abgang des Bruders als fränkischer Fürst einen Namen gemacht – und einen Beinamen. Er unterschied sich denkbar kraß von seinen älteren Brüdern und wird als eine Kraftnatur, als »ein Ritter im alten Stil« (Ranke) geschildert: »Überall der erste bei Turnier und Tanz wie im Rat und im Felde, eine hohe, schöne, männliche Erscheinung, ein Liebling der Frauen, mit denen er gern zur Kurzweil schäkerte; bekannt im Reich als ein Meister geordneter Heerfahrt; immer voran in Sturm und Streit, am ganzen Körper mit Narben bedeckt; zugleich ein glänzender, schlagfertiger Redner und schlauer Diplomat« – so beschreibt ihn der Hohenzollern-Historiker Hintze. Zeitgenössische Humanisten haben Albrecht mit den homerischen Helden Achilles und Odysseus verglichen, und mitunter wurde er auch als »der deutsche Fuchs« *(vulpes Germaniae)* bezeichnet. Durchgesetzt hat sich der Beiname Achilles, den zuerst Enea Sylvio Piccolomini, der spätere Papst Pius der Zweite, verwendete.

Leopold von Ranke hat die Berechtigung dieses Beinamens bestritten: Albrecht sei »seinem Agamemnon«, dem machtlosen Habsburger Kaiser Friedrich dem Dritten, »nur allzu getreu« gewesen. In der Tat hat sich Albrecht weit häufiger als Feldhauptmann des Kaisers und als loyaler Reichsfürst betätigt denn als brandenburgischer Kurfürst. Nur selten hat er sich in der Mark aufgehalten. Da jedoch der Beiname Achilles nicht in erster Linie Albrechts Verhältnis zu Kaiser und Reich, sondern seinen Habitus charakterisieren will, erscheint der Einwand des Altmeisters ein bißchen spitzfindig.

Albrecht Achilles kam selten ins Brandenburgische, aber wenn er kam, dann kam er gründlich: Im Jahre 1478 folgte er dem Hilferuf seines Sohnes Johann, der als Regent in der Mark wirkte, und führte ein so stattliches und glanzvolles Heer – rund 20 000 Mann – heran und gegen die feindlichen Pommern, daß es den biederen Märkern ebenso wie den Pommern »die Augen beizte«. Fast überflüssig zu sagen, daß sich die Pommern von nun an wieder auf die Ostseegefilde beschränkten.

Albrecht Achilles war der letzte Hohenzollernfürst, der noch einmal die fränkischen Stammlande des Geschlechts und die Mark Brandenburg in einer Hand vereinigte. Und er war der erste, der die Notwendigkeit erkannte, die Mark künftig ungeteilt zu vererben. In der berühmten *Dispositio Achillea* hat er dieses Prinzip festgelegt: Es steckte auch ein Schuß Odysseus in diesem Achilles, der übrigens – da wir schon bei Homer sind – ganz ernstlich die genealogische Abstammung der Hohenzollern von den Königen des alten Troja proklamierte.

Kurfürst Friedrich der Erste von Brandenburg hatte vier Söhne. Von dreien haben wir berichtet: von dem Ältesten, über den sein Beiname »der Alchimist« alles aussagt; vom Zweiten, dessen Cognomen »Eisenzahn« nur seine beharrliche Politik, nicht aber sein verinnerlichtes Wesen widerspiegelt; und vom Dritten, der ganz anders, der ein glänzender Fürst, ein »deutscher Achilles«, gewesen ist. Der vierte Sohn, den wir noch erwähnen müssen, war entschieden aus der Art geschlagen. Sein Vater hatte auch ihm, einer damals nicht seltenen Unsitte folgend, wie seinem zweiten Sohn den Namen Friedrich gegeben, ein Umstand, der einen Beinamen zur besseren Unterscheidung schon für die Zeitgenossen fast unerläßlich machte.

Zunächst wurde der um 1422 geborene Friedrich schlicht als »der Jüngere« geführt. Er sollte nach dem Wunsch des Vaters gemeinsam mit dem älteren Friedrich Eisenzahn die Mark regieren, doch schon im Jahre 1446 drängte der Jüngere eifersüchtig auf eine selbständige Stellung. Friedrich Eisenzahn versuchte vergeblich, den unfertigen Jüngling zu moderieren. 1447 endlich überantwortete er ihm widerwillig die Alleinherrschaft in den Landesteilen Altmark und Prignitz. Die Skepsis gegenüber den Bestrebungen des jüngeren Friedrich bestätigte sich schnell: Der Bursche führte in seiner Residenz Tangermünde ein schlaffes, ungeregeltes Regiment und ermöglichte durch seine phlegmatische Haltung das erneute Aufkommen des Raubrittertums. Während in seinen Landen marodiert wurde, mästete sich Friedrich der Jüngere an höfischen Buffets zu Friedrich dem Fetten. Der Beiname – gelegentlich auch in der Variante »der Feiste« – veranschaulicht das ganze Maß der Verachtung, das diesem Hohenzoller schon (und besonders) von den Zeitgenossen entgegengebracht wurde. Zum Glück für die Mark ist Friedrich der Fette bereits 1463 ohne männlichen Erben gestorben; zeitgenössische Lästerer verbreiteten das Gerücht, er sei geplatzt. Bruder Friedrich Eisenzahn konnte die gesamte Kurmark wieder unter seiner Herrschaft vereinigen.

Sehr ungleiche Brüder, hohenzollernsche Niveauschwankungen – wie später.

Bier und Rhetorik
Johann Cicero

Ein weiterer Hohenzoller. Wir haben ihn, den Sohn des
»deutschen Achilles«, schon als märkischen Statthalter des
Vaters erwähnt und wollen ihn kurz unter die Lupe nehmen,
weil er einen ebenso aparten wie anspruchsvollen Beinamen
führt: Johann »Cicero«.

War der Mark Brandenburg nach dem Tode des achillei-
schen Kurfürsten Albrecht (1486) nun ein Herrscher beschieden, der sein Amt im Geiste des großen römischen
Rhetors und Philosophen versah?

Kurfürst Johann – geboren 1455, gestorben 1499 – ist mit
Cicero erst nach seinem Tode verglichen worden. Dann freilich sehr beharrlich. Kaum eine brandenburgisch-preußische
Geschichte, die nicht Johanns »ehrenwerte Bildung«, seine
»vielen Kenntnisse in Sprachen und Wissenschaften«, seine
»Geübtheit in lateinischer Rede«, seine »Förderung der hu-
manistischen Bildung« – namentlich durch die Grundstein-
legung für die Universität zu Frankfurt an der Oder – ach-
tungsvoll notiert.

Tatsächlich aber ist Johann Cicero alles andere als ein ge-
lehrtes Haus gewesen. Vor allem: er hatte andere Sorgen.
Sein Kurfürstentum, die Mark Brandenburg, war im späten
15. Jahrhundert weiß Gott kein Arkadien, das einen pflicht-
bewußten Regenten – und so einer war Johann – beschauli-
che Muße gestattet hätte. Weniger römische Rhetorik als
märkische Raubritter (die sich damals noch einmal kräftig
mauserten) und mehr steuerliche als philosophische Überle-
gungen beschäftigten Johann Cicero.

Nicht daß er ganz ohne Rhetorik und Philosophie ausge-
kommen wäre. Sein Lieblingsprojekt, die Einführung einer
»Bierziese«, einer Biersteuer, in der Mark Brandenburg, er-
forderte unter anderem Überredungskunst und weise Geduld. Unter anderem – denn eine entscheidende Rolle spielten auch dabei gewaltsame Maßnahmen. Einige Städte der
Altmark, besonders Stendal, wollten sich ihr florierendes
Braugewerbe durchaus nicht anzapfen lassen und verweiger-
ten den kurfürstlichen Zieseeinnehmern die geforderten acht

Pfennig pro Tonne Bier. Acht Pfennige waren damals viel Geld und Johann Cicero mußte sich entschließen, Stendal zu stürmen. Man stelle sich die Szene vor: Bürger steigen für ihr Bier auf die Barrikaden, greifen zu den Waffen, um einer neuen Steuer zu trotzen. Märkischer Bier- und Biedersinn!

Aber Johann Cicero hat sich schließlich durchgesetzt. Ob er selbst auch dem so hochschäumenden märkischen Bier regelmäßig oder gar übermäßig zugesprochen hat, ist nicht überliefert. Wir verzichten darauf, die Wassersucht, an der er litt und früh gestorben ist, als Indiz dafür heranzuziehen.

Johann Cicero wird als ein kräftig gebauter, massiger Mann geschildert, und Zeitgenossen haben ihn deshalb mitunter als Johann *Magnus* (»den Starken«, »den Großen«) bezeichnet: ein Beiname, der noch höher als das später durchgesetzte »Cicero« griff. Es war vor allem der Humanist Philipp Melanchthon, der dem Kurfürsten das schlecht sitzende humanistische Mäntelchen umgelegt hat, indem er die folgende Legende verbreitete: Johann habe einst in einer Fürstenversammlung eine mehrstündige lateinische Rede gehalten, um die Könige von Böhmen und von Ungarn miteinander zu versöhnen, und er habe dabei eine solche Eloquenz bewiesen, daß die Zuhörer bewundernd ausgerufen hätten: »Er ist ein Cicero! ein wahrer Cicero!« Von dieser Legende ist die Beinamenbildung ausgegangen.

Eine Rede, die nie gehalten wurde, und ein Beiname, der in der Geschichte sicher etabliert, aber nicht charakteristisch ist. Friedrich der Große hat – auch im Banne des Beinamens – seinem Urahn Johann Cicero »die ersten Anstrengungen, das Volk aus seinem Stumpfsinn wachzurütteln«, nachgesagt. Daran ist etwas Richtiges. Aber wichtiger ist dem märkischen Cicero doch die Bierziese gewesen.

Die wandernde Leiche
Johanna die Wahnsinnige und Philipp der Schöne

Der Anfang könnte auch von einem ausgefuchsten Romanautor kaum besser erdacht sein: Man schreibt das Jahr 1496. Im niederländischen Lierre bei Antwerpen begegnen sich zum ersten Male die spanische Prinzessin Johanna und der Habsburger-Prinz Philipp. Die Prinzessin hat eine lange, sehnsüchtig stimmende Seereise hinter sich, der Prinz ist in Eilritten aus Tirol herangeprescht. Sie ist siebzehn, hübsch und sehr neugierig, er achtzehn, schön und triebhaft: Es ist Liebe auf den ersten Blick. Die Eltern des Paares haben die Hochzeit für den übernächsten Tag angesetzt. Die Eltern – der Kaiser Maximilian und die Königin Isabella – haben eine politische Ehe arrangiert, Philipp und Johanna aber schließen eine Liebesehe. Der Unterschied beträgt knapp zwei Tage. Philipp treibt in aller Hast einen Priester auf, Johanna läßt eilig ein Schlafgemach richten; Priester und Bett tun noch am selben Abend ihre Dienste ...

Wie romantisch weltgeschichtliche Ereignisse sein können: Denn was in Lierre so romanhaft und stürmisch begann, das blieb nicht lange eine Liebesehe, das erwies sich vielmehr als eine noch politischere Ehe, als selbst ihre Stifter, der deutschrömische Kaiser und die spanische Königin, geplant hatten: Der Pfaffe und das Bett von Lierre sind – wie sich nach vier Jahren herausstellt – soviel wert wie Brief und Siegel unter die friedliche Eroberung Spaniens durch das Haus Habsburg. Denn nachdem auf der Pyrenäenhalbinsel innerhalb weniger Jahre fünf potentielle Thronfolger gestorben sind, ist die Prinzessin Johanna unversehens in die Rolle einer Alleinerbin der spanischen Kernlande Kastilien und Aragon aufgerückt. Ihr Gemahl Philipp, bislang Erzherzog und Statthalter des kaiserlichen Vaters in den burgundischen (niederländischen) Besitzungen Habsburgs, darf nach der spanischen Krone greifen; Johannas und Philipps Ältestem, dem Habsburger Karl, kann sie später niemand streitig machen.

Es ist eine Hauptetappe in den erotischen Feldzügen des Hauses Habsburg, und das berühmte Distichon kann an dieser Stelle natürlich nicht ausgelassen werden:

Bella gerant alii! tu, felix Austria, nube!
Nam quae Mars aliis, dat tibi regna Venus!

(Anderen lasse den Krieg! du, glückliches Österreich,
  freie!
Mars mehrt andern das Reich, Venus vergrößert es dir!)

Die Ehe, aus der eine der wichtigsten Transaktionen der
europäischen Geschichte folgte, hat freilich nicht lange im
Zeichen der Venus gestanden. Sie rückte bald mehr und mehr
ins Zeichen der Eifersucht und der – *Dementia praecox.*
  Philipp und Johanna, die seit ihrer Heirat in Gent und
Brüssel residieren, erweisen sich – im Sinne des leidenschaftli-
chen Auftakts – zunächst einmal als ein sehr fruchtbares Paar:
1498 wird eine Prinzessin geboren, im Februar 1500 – während eines Hoffestes zu Gent auf einem Abort (!) – der spätere
Kaiser Karl der Fünfte, 1501 eine zweite Prinzessin, 1503 der
spätere Kaiser Ferdinand der Erste, 1505 und 1507 noch zwei
weitere Prinzessinnen. Immer deutlicher aber erweisen sich
Fruchtbarkeit und Eheglück als durchaus verschiedene Dinge. Der junge Ehemann ist viel zu schön und lebenslustig, um
treu zu sein. Philipps Augen »überraschten durch ihre edle
Größe und den zärtlichen Blick«, berichtet der Historiker
Pfandl an Hand zeitgenössischer Quellen, »er war hochge-
wachsen, kraftvoll und beweglich«, seine Hände »waren lang
und schmal« und »trugen überdies die schönsten Fingernägel,
die man je gesehen hatte«. Er war sportlich, leutselig und
»liebte das laute Treiben froher Geselligkeit über alles«. »Den
Reizen des weiblichen Geschlechts war er feurig zugetan«,
und die »Gesellschaft schöner Frauen suchte er heimlich und
offen, ja er ließ sich von leichtfertigen Freunden nicht ungern
zum Besuche verborgener Stätten des Lasters verleiten«. »Er
ist ein guter Mensch«, resümierte der spanische Gesandte
Gómez de Fuensalida, »aber willensschwach, ist ganz und gar
seinen Günstlingen ausgeliefert, die ihn im Trubel eines
leichtfertigen Lebens von Bankett zu Bankett, von einem
Weib zum andern schleppen.« Philipps Beiname »der Schöne« hat sich früh durchgesetzt; denn wo immer er auftrat,
bestaunte man den herzoglichen Kavalier mit den edlen Fin-
gernägeln: »Voilà, un beau prince!« rief Frankreichs König
Ludwig der Zwölfte aus, als Philipp 1501 am französischen
Hof erschien ...

Die Eskapaden des Ehemanns bleiben Johanna natürlich nicht verborgen; ganze Heere von Hofschranzen – ob in Brüssel oder Toledo, wo sich Johanna zeitweilig aufhält – leben ja vom Aufschnappen und Weiterflüstern pikanter Nachrichten. Spaniens Erbin reagiert heftig: Sie zerkratzt einer verdächtigen Hofdame mit einer Schere das Gesicht, tobt und kreischt, starrt dann wieder in dumpfer Apathie vor sich hin, wäscht sich mehrmals täglich umständlich den Kopf und tritt wiederholt in den Hungerstreik. Bald wird deutlich, daß es sich um mehr als eine krankhafte Eifersucht handelt: Die Symptome einer *Dementia praecox*, einer Schizophrenie, häufen sich. Johanna verweigert jegliche Anteilnahme an den Regierungsgeschäften (die ihr nach dem Tode der Königin Isabella 1504 zufallen), sie verfolgt Philipp den Schönen mit einer ungewöhnlich triebhaften Haßliebe und verfällt – allein gelassen – wechselweise in tierischen Stumpfsinn oder wahnwitzige Raserei.

Als dann Philipp der Schöne plötzlich – es ist im September 1506 zu Burgos in Spanien – an Fieber und einem schwarzen Hautausschlag erkrankt und nach wenigen Tagen stirbt, ist Johannas Jammer grenzenlos. »Die Verblödungspsychose«, schreibt Pfandl, »ist unterdessen längst so weit fortgeschritten, daß eine Heilung nicht mehr im Bereich des Möglichen zu liegen scheint«; im Gegenteil, Philipps Tod treibt die bedauernswerte Königin, die man im Volke für »behext« hält, zu besonders wunderlichen Handlungen. Johanna läßt alle drei oder vier Tage den Sarg Philipps des Schönen öffnen, um zu prüfen, »ob mit der Leiche alles in Ordnung« ist, ob sie nicht entwendet oder vertauscht oder geschändet ist. Und als die Königin veranlaßt wird, mit ihrem Hofstaat (in dem ihre nun gegenstandslose Eifersucht noch immer keine Frauen duldet) einer Seuche auszuweichen, zieht sie nächtens mit dem Sarg von Ort zu Ort durch die Lande. Bewaffnete Fackelträger und Mönche bewachen den Sarg, weibliche Wesen werden aus seiner Nähe sofort verscheucht, und sogar um Nonnenklöster muß der makabre Leichenzug einen großen Bogen machen. In den Bereich spekulativer Phantasie allerdings gehören Berichte, nach denen Johanna zeitweilig von ihrer Sänfte in Philipps Sarg umgestiegen sei, um den einbalsamierten Leichnam mit wahnwitzigen Zärtlichkeiten zu bedenken ...

Sicher ist jedenfalls, daß Philipp der Schöne auch nach

seinem Tode noch für einige Zeit ein bewegtes Wanderleben geführt hat. Stärker als in Spanien nahm man in Deutschland am frühen Tode des attraktiven Fürsten Anteil, und ein damals verbreitetes »Gedenkblatt«, das bereitwillig das – freilich unbewiesene – Gerücht von der Vergiftung Philipps durch seinen skrupellosen Schwiegervater Ferdinand von Aragon kolportierte, dürfte besonders dem weiblichen Publikum zu Herzen gegangen sein:

> In seinem hals fand man ein gswer
> Darab gestorben was der herr.
> Als landes fürsten und doctor
> Sagen uns gantz furwor,
> Das es war ein vergifft feber,
> Das do entspringt von der leber ...

Johanna die Wahnsinnige – die Berechtigung des zeitgenössischen Beinamens bedarf keiner Diskussion – hat ihren Gatten fast um ein halbes Jahrhundert überlebt. In einer alten, grauen Festung zu Tordesillas vegetierte sie – mehr Staatsgefangene als Königin – in »unwürdiger Verschmutzung«. Und während sie einem viel zu späten Tod (1555) entgegendämmerte, erklommen ihre Kinder eines nach dem anderen und allesamt europäische Thronsessel: Die älteste Tochter Eleonore wurde nacheinander Königin von Portugal und Frankreich. Der älteste Sohn regierte als Kaiser Karl der Fünfte das habsburgische Weltreich, in dem »die Sonne nicht unterging«. Prinzessin Isabella gelangte auf den dänischen und schwedischen Thron. Johannas zweiter Sohn Ferdinand (der Erste) wurde Karls des Fünften Nachfolger als Kaiser und König. Prinzessin Maria heiratete den König von Ungarn und Böhmen, und die jüngste Tochter Katharina schließlich – 1507, noch nach dem Tode Philipps des Schönen geboren – wurde wie ihre Schwester Eleonore Königin von Portugal.

Johannas Wahnsinn hat sich auf dieses halbe Dutzend gekrönter Habsburger nicht vererbt. Das Dementia-praecox-Erbe schlägt vielmehr erst – wie verschiedentlich gemutmaßt wurde – beim Urenkel der Wahnsinnigen, bei König Philipps des Zweiten Sohn Don Carlos durch: Dieser Schillersche Bühnenheld ist in Wahrheit ein schwachsinniger Sadist gewesen. Er röstete lebendige Kaninchen.

Der Vater, Heinrich der Achte von England, war ein schlimmer Wüstling, ein skrupelloser Despot, ein geschickter Politiker und ein gewichtiger König. Die Tochter, Maria von England, hielt auf Sitte, sie war frömmer als ein ganzes Nonnenkloster und eine schlechte Königin. Heinrich der Achte hatte der Nation nicht nur sechs Königinnen präsentiert; in seiner Regierungszeit (1509 bis 1547) wurden auch die Grundlagen des modernen englischen Staates und eine von Rom unabhängige englische Nationalkirche geschaffen. Maria (geboren 1516) schätzte weder die Grundlagen noch die Königinnen – mit Ausnahme der ersten, die ihre Mutter war –, am wenigsten aber die Nationalkirche. Ihre Mutter Katharina von Aragon, die erste der von Heinrich abgehalfterten Königinnen, hatte die Prinzessin im Geiste des doktrinären spanischen Katholizismus erziehen lassen, und die Heranwachsende hielt an den Formen dieser Religion um so überzeugter fest, als ihr die kriminellen Tragikomödien am Hofe des Vaters immer weniger die Lauterkeit des neuen protestantischen Bekenntnisses zu beweisen schienen. Hinzu kam, daß Maria nach der Verstoßung ihrer Mutter am Hofe als unerwünschter Bastard behandelt und von der neuen Königin, der Ex-Mätresse Anne Boleyn, nach Kräften schikaniert wurde. Und da sich schließlich auch die höfischen Freier für die körperlich kleine, wenig attraktive Prinzessin nicht sonderlich interessierten, tröstete sich das Aschenbrödel mit gesteigerten Religionsübungen: Der wie sie selbst mißliebige Katholizismus war für Maria der Halt ihrer inneren Emigration.

Der Fall Maria wäre eine traurige Fußnote in der Geschichte Englands geblieben, hätte man König Heinrichs Sohn und Nachfolger Eduard den Sechsten nicht bereits als Halbwüchsigen beerdigen müssen. Unversehens wurde so aus der Betschwester die Prätendentin und – nach einem kurzen Zwischenspiel – 1553 die Königin Maria. Das, was die verachtete Prinzessin in trüben Stunden allein beglückt und getröstet hatte, das sollte nun – so fand die Königin – die ganze Nation erheben und läutern. Die Neuetablierung des damals so reichlich diskreditierten Katholizismus mit seinen Doktrinen, seinen »hoffärtigen, habsüchtigen, unzüchtigen, sodomitischen Pfaffen« (so eine zeitgenössische englische Stimme) und seiner Romtreue, die bedingungslose Wiedereinführung des »Papismus« war nahezu der einzige Punkt im Regierungsprogramm der Königin Maria. Die Schwärmerei einer Privatperson schlug in missionarischen Übereifer um, ihre Bigotterie wuchs sich zur Gegenreformation aus.

Nun war es keineswegs so, daß sich die Engländer der vorelisabethanischen Jahrzehnte einheitlich als eine Vorhut des europäischen Protestantismus begriffen. Viele konvertierten bereitwillig zurück, und viele sahen gelassen zu, wie man nun all die abgeschnittenen papistischen Zöpfe wieder ankleisterte. Als aber die mittlerweile siebenunddreißigjährige Königin erklärte, es sei ihr »von Gott eingegeben« und »zur Wohlfahrt des Landes«, daß sie den spanischen Kronprinzen Philipp (den späteren König Philipp den Zweiten) ehelichte, gärte es auf der Insel: Ins Schlepptau der habsburgisch-spanischen Papisten wollte man England nicht geraten lassen. Gefährliche Aufstände erschütterten nun das wirtschaftlich sieche Land, die Front gegen die unduldsame katholische Restauration verstärkte und verband sich mit reformerischen politischen Impulsen. Marias Thron wackelte, aber ihr Eifer verkrampfte sich zu schlimmem Fanatismus. Aus Maria der Katholischen – auch mit diesem Beinamen wird sie geführt – wurde *the bloody Mary,* Maria die Blutige. Denn nun rollten subversive Köpfe und brannten protestantische Bärte. Den Weg zurück nach Rom bezeichneten Scheiterhaufen und lebende Fackeln. 1555 mußte das Parlament die längst verstaubten Ketzergesetze erneuern: Weit über 300 »Häretiker« fielen ihnen binnen kurzem zum Opfer, unter ihnen zahlreiche Ahnungslose wie die widerwillig zur Gegenkönigin proklamierte mädchenhafte Jane Gray und viele oppositionelle oder nur schwankende Politiker wie Wyatt, Suffolk, Hooper, Latimer und Cranmer.

Folterknechte und Reisigsammler hatten Konjunktur, die Henker machten Überstunden. »Die schrecklichste von diesen Barbareien«, so referiert ›Beckers Weltgeschichte‹ an Hand zeitgenössischer (protestantischer) Quellen, »ist wohl folgende: Eine protestantische Frau in Guernsey ward nahe an der Zeit, da sie gebären sollte, auf den Scheiterhaufen gebracht: Der Schmerz der Unglücklichen, als die Flammen sie zuerst berührten, machte, daß ihr Leib barst, und das Kind in einem Sturze hervorbrach. Ein mitleidiger Soldat von der Wache ergriff es schnell, um es zu retten, aber eine Magistratsperson, die dabei stand, befahl ihm sogleich, es zurückzuwerfen, damit die ganze Ketzerbrut verderbe ...«

Natürlich hat es nicht an Apologeten gefehlt, die Marias Kampf für Rom in eine mild-fromme Rückkehr zum richtigen Gesangbuch umdeuteten: In den ›Stimmen aus Maria Laach‹ (1890) deklariert ein gewisser Athanasius Zimmermann S. J. die blutige Königin zu einer »Heiligen«, die in eigentlich unangemessener Toleranz »nur« so und so viele Exekutionen zugelassen habe, wie denn überhaupt die Protestanten vorher und nachher so viel rüder gewesen seien. Besonders die perfide Elisabeth, Marias Halbschwester und Nachfolgerin auf dem Thron, Tochter der buhlerischen Anne Boleyn, von der ja ohnehin nichts Gutes kommen konnte – und überhaupt, die Zeiten waren halt ein bißchen rauh, auf ein paar Ketzer mehr auf dem Scheiterhaufen konnte es da doch kaum ankommen ...

Man kann dem Herrn Athanasius nicht böse sein: Geschichtsschreiber seinesgleichen haben die Geschichte seit jeher vor Langeweile und dem Schicksal einer exakten Wissenschaft bewahrt. Und wer weiß, wie die britische Historiographie (die ja für dieses gemischte Kapitel Abendland in erster Linie zuständig ist) über die Königin Maria von England urteilen würde, wenn sich die von ihr betriebene Gegenreformation zu mehr als einer blutigen Episode entwickelt hätte ... Wenn zum Beispiel die katholische Maria mit dem zwar nicht treuen, aber doch sehr katholischen Ehemann Philipp den ersehnten katholischen Erben gezeugt und damit die protestantisch-elisabethanische Ära illusorisch gemacht hätte? Ein bißchen mehr Fortüne im königlichen Doppelbett, und Maria die Blutige würde – wer weiß, vielleicht – in der Geschichte nicht als *the bloody* – sondern als *the glorious Mary* geführt werden.

Aber Fortüne fehlte Maria der Blutigen nicht nur im Ehebett – Philipp schäkerte mit den Damen des Hofes und empfahl sich nicht lange nach der Hochzeit per Schiff nach Spanien –, Glück und Erfolg blieben auch der »inneren« Regentin wie der Kriegsherrin Maria versagt. England geriet in eine Krise, verlor Calais an Frankreich – und schöpfte Hoffnung, als die Königin selber kränkelte. Es atmete auf, als die neurotische Frau 1558 den letzten Atemzug tat. Wiederum bestieg ein bisher verbannter »Bastard« den Thron: Die große Elisabeth brachte England auf Gegenkurs. Ihr waren die Winde günstiger.

Der (blut)rote Platz
Iwan der Schreckliche

In einem Wachsfigurenkabinett historischer Massenmörder würden nur wenige antike oder »heidnische« Schlächter mit dem stattlichen Aufgebot einschlägiger Zelebritäten aus mittelalterlicher und neuerer Zeit konkurrieren können: Der Löwenanteil der Stellfläche müßte nominell »christlichen« Herrschern, Feldherren, Konquistadoren und Inquisitoren reserviert werden. Und ein Extrakabinett – schaurig halbdunkel wie russische Kirchen, kunstvoll garniert mit Marterwerkzeugen – hätte man einem Moskowiter zu widmen: »Joann dem Vierten von Gottes Gnaden Zar und Selbstherrscher von ganz Rußland«, besser bekannt als Iwan der Schreckliche.

Die christliche Königin, von der im vorigen Kapitel die Rede war, Maria die Blutige, hätten wir in dieser Galerie natürlich auch angetroffen, aber sie würde doch nur auf einem mittelhohen Sockel stehen. Mit Iwan kann sie sich nicht messen – so wie Iwan selbst in seinem Extrakabinett zurückbleibt hinter einigen Gestalten unserer Zeit: Maßstäbe, wie wir sie in diesem fiktiven Wachsfigurenkabinett anlegen, müßten uns aus den Händen geschlagen werden, würden wir unseren Blick hier nicht auf die ersten siebzehn oder achtzehn Jahrhunderte unserer Zeitrechnung einengen.

Über die Maßstäbe, mit denen Zar Iwan der Vierte als Größe seiner Zeit zu messen sei, sind sich die Biographen und ist sich die europäische Geschichtsforschung noch keineswegs ganz einig. Man ist zwar davon abgekommen, Iwan in Bausch und Bogen als Nur-Wüterich abzutun, aber man divergiert doch weitgehend in der Frage, ob denn dieser Herrscher aller Reußen ein bemerkenswerter, wenngleich blutrünstiger Staatsmann oder ein Scheusal mit einigen partiellen Verdiensten gewesen sei. Es kann hier natürlich nicht unsere Sache sein, zu diesem Disput regelrecht Stellung zu nehmen; denn wir haben uns ja allein auf die Beinamen ausgerichtet. So verengt sich das historische Problem Iwan der Schreckliche für uns auf die Frage: Verdient

Iwan seinen Beinamen? War dieses Väterchen Zar – ob außerdem bedeutend oder nicht – wirklich schrecklich?

Da wir Iwan ja eingangs bereits postamentiert haben, wollen wir uns nicht dem Verdacht der Spiegelfechterei aussetzen und unverzüglich antworten: Und ob! Keine Periode der älteren russischen Geschichte (in der es kaum je zimperlich zuging) dampft so von Blut und riecht so versengt wie die Regierungszeit Iwans des Vierten (geboren 1530, gestorben 1584). Kein Name der russischen Herrscherliste symbolisiert mehr fanatische Willkür als der des ersten eigentlichen Zaren von Moskowien, des Selbstherrschers, der sich selbst als »Cäsar des dritten und letzten Rom« begriff.

Iwan war drei Jahre alt, als sein Vater, der Großfürst Wassilij, starb, und er erlebte eine düstere Kindheit: Herumgestoßen und gedemütigt von den dumm-brutalen Adelsherren Rußlands, den mächtigen Bojaren, verkrampfte sich der intelligente Prinz frühzeitig zu unkindlicher Grausamkeit und Reizbarkeit. Er lebte – angesichts der Bojarenwillkür – in ständiger Todesfurcht. Als er sich siebzehnjährig krönen ließ, erschien er seinem leidenden Volk noch als ein strahlender Garant anbrechender Gerechtigkeit: »Die Bojaren haben in meinem Namen das Volk bedrückt«, erklärte der Jüngling. »Niemand widersetzte sich ihnen. In meiner traurigen Kindheit war auch ich selber blind und taub; ich hörte das Wehklagen der Armen nicht ... Ihr Bojaren, wie viele Tränen habt ihr erpreßt, wieviel Blut vergossen? Ich bin unschuldig an diesem Blut. Euer aber wartet ein furchtbares Gericht des Himmels.«

Dieses »Gericht des Himmels« ließ vorerst freilich auf sich warten, da sich der junge Zar unter dem ausgleichenden und besänftigenden Einfluß seiner zärtlichen Frau, der ersten Zariza Anastasia Romanowa, und seiner christlich denkenden Ratgeber Sylvester und Adaschew zeitweilig in ruhigen Bahnen bewegte. Innenpolitisch wie militärisch – besonders im »heiligen« Krieg gegen das unchristliche Tatarenkhanat von Kasan – erzielte er schöne Erfolge. Der Prinz, der sich einst am Todeskampf eigenhändig von den Türmen des Kreml herabgeschleuderter Tiere geweidet hatte, schien sich zu einem großen christlichen Herrscher zu mausern.

Aber das Licht, das den Osten für ein paar Jahre beinahe »abendländisch« illuminiert hatte, drang nicht dauerhaft durch die dichte Wolkenwand, die das damals nur halbeuropäische Moskowien noch längere Zeit in düsterer, dumpfer und barbarischer Besonderheit abgrenzte. Zar Iwan erlebte als scheinbar Todkranker die Brüchigkeit seines Regimes, die Treulosigkeit seiner Potentaten, und als dann (1560) die sanfte Zariza starb, brach der künstlich errrichtete Damm: Der Fürst zügelte nicht mehr die Dämonie seines Charakters, seine folgenden fünf Ehefrauen blieben ohne milden Einfluß – »die Mitte starb, ein Herz erlosch« (Hans v. Eckardt). »Was das Leben ihm angetan hatte, wollte er jetzt dem Leben antun«; hin und her gerissen zwischen tränenreicher religiöser Demut und ekstatischen Rauschzuständen, steigerte er sich zeitweilig in ein ungehemmtes Wüten des Zorns und der Rachsucht. Er machte sich zur »Geißel Gottes«: Mögliche Feinde und deren Sippen, Verdächtige und Unverdächtige, Freunde und Verwandte, Bojaren zumeist, aber auch harmloseste Kreaturen aller Art wurden nun en gros und en détail geköpft, geschunden, gemartert, erwürgt, verbrannt und geschändet. Einen Bojaren, der sich in ein Kloster geflüchtet hatte, ließ Iwan fesseln, auf eine Tonne Pulver setzen und in die Luft sprengen: »So kommt er dem Himmel und den Engeln näher!« kommentierte er zynisch. Bojarenfrauen, aber auch bürgerliche Mädchen, wurden nackt öffentlich zur Schau gestellt, sadistisch mißhandelt und schließlich umgebracht. Den »Roten Platz« vor den Toren des Kreml überzog ein makabres Muster aus Lachen und Rinnsalen von Blut.

Manche Historiker haben die vom Zaren fanatisch betriebene Ausrottung der Bojarengeschlechter als eine Maßnahme der »Entfeudalisierung« Rußlands, als Teil eines historisch berechtigten Programms zur Durchsetzung eines zentralisierten Staatsgebildes gedeutet. Gewiß, derartige Motive waren im Spiel. Staatsräson bestimmte insbesondere die mannigfach und verschieden interpretierte Schaffung der *Opritschnina*, jener »Absonderung« von Ländereien, von Domänen, in denen ausschließlich und unumschränkt der Zar herrschte. Aber Iwans Opfer rekrutierten sich in so starkem Maße und vor allem so wahllos auch aus anderen, aus bäuerlichen und bürgerlichen Schichten, daß diese Wertung fragwürdig bleiben muß: Welchen politischen Sinn hätte denn die Hinmetzelung ganzer Stadtgemeinden, etwa die Vernichtung Nowgorods, haben können!?

In seiner *Opritschnina* siedelte Iwan ganze Horden ihm

bedingungslos ergebener Diener, junge Männer aus allen Klassen, an: die *Opritschniki*, die als schwarze Reiterhorden ihre grausigen Symbole – Hundekopf und Besen – im ganzen Land zu Signalen des Schreckens und des Terrors machten. Der Zar selbst galoppierte gelegentlich als »strafender Donner für die Kreatur« – so sah er sich – an der Spitze dieser Scharen und gab ihnen dabei stets ein Beispiel für immer neue und immer weniger faßliche sadistische Ausschweifungen und Brutalitäten.

Bei alledem konnte der große, hagere, schon früh etwas gebückt gehende Mann mit der langen, gebogenen Nase, dem dünnen Spitzbart und den dunklen, klugen, schwermütigen Augen gelegentlich in die heftigste Zerknirschung, in tönendes Selbstmitleid und in Exzesse christlicher Bußübungen verfallen. Er betete gottesfürchtig für das Seelenheil der Ermordeten und ließ später – erschüttert vom Tod des Lieblingssohns, den er selbst im Jähzorn mit einem Eisenstab an der Schläfe getroffen hatte – sogar ein Namensverzeichnis seiner Opfer anfertigen: ein höchst merkwürdiges, ein schizophrenes Dokument, aus dem wir – nach der Iwan-Biographie von Hans v. Eckardt – ein paar Passagen zitieren:

»Im Jahre 7091 (d. i. 1582 oder 1583) sandte der Zar, Gossudàr und Großfürst Iwan Wassiljewitsch von ganz Rußland dieses Gedenkbuch in das Kirilow-Kloster. Er befahl zu gedenken und Fürbitte zu tun bei allen Liturgien und Seelenmessen jeden Tag in der Kirche Gottes:

Der einzeln auf Geheiß des Zaren Iwan ertränkten Nonne Eudoxia, der Nonne Maria – der Alexandra ...

Gedenke, o Herr, der Seelen Deiner verstorbenen Diener und Dienerinnen, die vor dem Ablauf ihrer Zeit verstarben ...

Gedenke, o Herr, der Dubrowischen, Kasarins und seiner zwei Söhne und jener zehn Leute, die sich für ihn verbürgen wollten ... Der Rostower: Feodor Istom, Fürst Wassilij ... Der Nowgoroder! Gedenke, o Herr, Deiner Diener und Knechte – eintausendfünfhundert und fünf Menschen, Daniels mit seiner Frau und den fünf Kindern ... Gedenke Iwans, Stefans, Burows, Iwans, Popows mit seiner Frau und zwei Söhnen und Töchtern ...

Gedenke, o Herr, Schirjajews mit seiner Frau und drei Töchtern ... In der Neustadt fünfzehn Weiber ... Des Fürsten Nikita, des Fürsten Obolenski ... insgesamt 3470 Menschen ...«

138

Diese 3470 darf man beileibe nicht als Summa summarum, sondern lediglich als das Ergebnis einer Teiladdition verstehen: Wer registrierte schon die Opfer der tollen *Opritschniki* in allen Teilen des Landes? Wer zählte die Morde im Vorüberreiten?

Es ist erstaunlich, daß das Bild des wahnwitzigen Zaren in der volkstümlichen russischen Überlieferung keineswegs nur dunkle Züge aufweist: Iwan *Grosnij* erschien den dumpf ergebenen russischen Untertanen nicht bloß als der »schreckliche« Wüterich, sondern auch als der »gestrenge«, der »furchteinflößende« mächtige Herr und Kaiser, dessen Allgewalt – im Unterschied zu den vielen schlappen, früheren und späteren, Herrschern im Kreml – demütig, ja bereitwillig respektiert wurde. Aber so differenzierte Nuancen der Beiname *Grosnij* in der Übersetzung auch einschließen mag – der neurasthenische, von Furien der Angst getriebene, schließlich halb irrsinnige Wüterich Iwan ist mit dem deutschen Attribut »schrecklich« äußerst tolerant bedient.

Ein in Moskau populärer Narr, so heißt es, hatte den halsbrecherischen Mut, dem Zaren einen Spiegel vorzuhalten: Er bot Iwan ein Stück rohes Fleisch zu essen an. Der Zar wies es stirnrunzelnd zurück: An Fastentagen äße er nie Fleisch. »Aber wieso denn«, sagte da der Narr, »du frißt doch täglich Menschenfleisch!«

Herkules in Seide
August der Starke

Friedrich Wilhelm, Preußens biederer »Soldatenkönig«, griff hastig nach seinem Hut und hielt ihn seinem Sohn Friedrich vors Gesicht: Was ihnen der Gastgeber in diesem Kabinett des Dresdner Schlosses präsentierte – »ein Mädchen, schön wie Venus und die Grazien« und »im Zustand unserer ersten Eltern vor dem Sündenfall« –, das schien ihm eine gefährliche Attacke auf die vom Flötenspiel ohnehin aufgeweichte Moral des Kronprinzen zu sein. Dem Sechzehnjährigen, der noch ein bißchen an der väterlichen Hutkrempe vorbeiblinzelte, wurde schroff befohlen, sich zu entfernen. Friedrich Wilhelm selbst warf einen letzten, nicht eben kurzen, aber sehr kritischen Blick auf das reich illuminierte Lotterbett mit der nackten Venus und wandte sich dann an den Gastgeber und Arrangeur des »lasterhaften Spektakels«: »Sie ist recht schön«, sagte er höflich, aber indigniert und marschierte von dannen.

Der Gastgeber, Friedrich August der Erste, Kurfürst von Sachsen und (als August der Zweite) König von Polen, kam da nicht ganz mit: Wenn es in Berlin – eine knappe Tagesreise von seiner Residenz – schon als skandalös galt, ein nacktes Mädchen in malerischer Pose vorzuführen, dann hatte man diese Preußen mit der sächsischen Einladung wirklich in eine andere Welt gelockt. Mon dieu, ein nacktes Mädchen – das sah man sich am Hof zu Dresden nicht anders an als die Karnevalsilluminationen und Feuerwerke, die dieser Tage zu Ehren der Berliner Gäste veranstaltet worden waren, nicht anders als die venezianischen Prachtgondeln auf der Elbe. So einen Popo im Pfühl nahm man als *hors d'œuvre,* wie einen Hummerimbiß vor der Wildschweinkeule; wie eine Ouvertüre vor dem großen Opernspektakel, wie das Halali zum Auftakt jener aufwendigen Fuchs- und Dachshetzen, die man gestern und vorgestern für den königlichen Korporal aus Preußen arrangiert hatte ... Die polnisch-sächsische Majestät lachte schallend: Was in seinen Residenzen, hier in Dresden wie in Warschau, eine harmlose Frivolität war, das hielt man im spartanischen Berlin tatsächlich für jugendgefährdend und sittenlos! Und zweifellos als zuchthauswürdig mußte an der Spree erscheinen, was am sächsischen Hofe delikates Tafelgespräch war: die alltäglichen Ehebrüche und die zahllosen erotisch-intriganten Affären.

Appetitliche Mädchen wie das eben präsentierte wurden schließlich nicht in erster Linie als Sofadekorationen aus aller Herren Länder importiert. Man hielt sich in Dresden nicht beim visuellen *hors d'œuvre* auf, man folgte dem Beispiel des Königs: Man amüsierte sich, man genoß, was sich bot und solange sich etwas bot – solange man auf die richtige Karte, auf den höfischen Günstling der Stunde oder die Mätresse der Saison gesetzt hatte. Denn wenn diese Karte nicht mehr stach, war der Weg in die Provinz oder in ein felsiges Burgquartier nicht weit: Das Schicksal der einst allmächtigen Super-Mätresse, der Gräfin Cosel, die Friedrich August auf der Bergfeste Stolpen interniert hatte, flimmerte als Menetekel für Hofchargen, Kammerherren und Minister, für Konkubinen und Favoritinnen an den barocken Wänden des Dresdner Schlosses.

Der Fürst, der dieses Heer von Puppen tanzen ließ, der sich »augusteisch« wie der kaiserliche Held einer gigantischen barocken Operninszenierung im Mittelpunkt des elbischen Versailles bewegte, war fraglos eine der bemerkenswertesten Herrscherpersönlichkeiten seiner Zeit. Friedrich August, geboren 1670, sammelte auf einer »Kavalierstour« schon als siebzehn- und achtzehnjähriger Prinz in den Residenzen von Versailles und Wien, Madrid und Lissabon, nicht zuletzt in Venedig, höfische Impressionen und Kenntnisse von den Gewohnheiten der feinen Welt. Er übte sich in den Geschäften des Kriegführens, ließ sich in die Welt des kabinettspolitischen Finassierens einführen und wählte als Lieblingsfach die *Ars amatoria*.

Er heiratet 1693 und bietet, als er 1694 zur Regierung gelangt, seinen Untertanen die aufwendigste Inthronisation der sächsischen Geschichte. Der junge Kurfürst ist nicht besonders häuslich veranlagt. Er ist ein schönes Mannsbild, mittelgroß nur, aber ungemein athletisch gebaut, kräftig wie Herkules, potent wie Casanova, wendig wie Talleyrand, skrupellos wie Cesare Borgia, phantasievoll wie Cagliostro, selbstherrlich wie Ludwig der Vierzehnte, dabei gutmütig und volkstümlich wie sein letzter Nachfahr auf dem sächsischen Thron, der anekdotische »Geenich«. Friedrich August platzt vor Tatendrang in jeder Richtung: Er zerbricht – so erzählt man – Hufeisen wie Glas, preßt metallene Becher zu Klump und packt freihändig einen Jesuitenpater am Schlafittchen, um ihn zum Fenster der Wiener Burg hinauszuschlenkern.

Noch hundert Jahre nach seinem Tode wird in der ›Dresdner Abendzeitung‹ darüber reflektiert, ob Friedrich August der Starke wohl »mit Löwenmilch« aufgezogen worden sei. Er zieht aus, um an den Türkenkriegen teilzunehmen, und läßt in Dresden Siegesmedaillen prägen – ob er gesiegt hat oder nicht. Er schwankt, ob er zur Geburt des Thronfolgers nach Dresden oder zur Geburt eines Sohnes der Gräfin Königsmark, seiner Mätresse, galoppieren soll, und entscheidet sich, bei der Favoritin der Stunde, der Gräfin Esterle, in Wien zu bleiben. Er konvertiert ohne seelische Krise zum Katholizismus, als sich die Aussicht auf die Krone des katholischen Polen eröffnet, und er investiert ohne Rücksicht auf die ruinöse sächsische Finanzlage horrende Bestechungsgelder, um sich nicht mit dem ärmlichen Kurfürstentitel begnügen zu müssen: 1697 wird er in Krakau – aufwendig wie ein Kaiser – zum polnischen König gekrönt.

Spontan wie in ein Wettrennen oder eine neue Amoure stürzt sich Friedrich August in die Verwicklungen des »Nordischen Krieges«, verbündet mit Peter dem Großen von Rußland, verfeindet mit König Karl dem Zwölften von Schweden. Der fanatische Abenteurer Karl schlägt den leichtfertigen Abenteurer August, die Polen wollen den sächsischen Protz nicht länger als König – doch als Karl der Zwölfte stürzt (1709), ist August wieder obenauf. Daß er die polnische Krone behaupten kann, dient Sachsen nicht und verbittert Polens Patrioten, aber es befriedigt Augusts Ehrgeiz und macht seine Hofhaltung noch glanzvoller. Niederlagen im Felde und Mißernten auf Feldern, Hunger, teure Zeit und Schulden bringen niemals Augusts höfischen Festkalender durcheinander: Braucht man den alkoholischen, lukullischen, erotischen und pyrotechnischen Taumel nicht erst recht, wenn's mit den königlich-kurfürstlichen Geschäften einmal schlecht geht?

»Seine Taten können vergessen werden«, urteilt ungnädig schon im 18. Jahrhundert ein sächsischer Chronist über August den Starken: Gewiß, die kriegerischen ganz, die politischen zum Teil – aber doch nicht jene Taten, jene Schöpfungen, die zwar oft aus Launen und Eitelkeiten erwuchsen, seinen Festen und Ambitionen dienten, die aber zugleich seine baulich aufblühende Residenz zu einem dauerhaften Fest fürs Auge und sein Kurfürstentum zu einem Land zukunftsreicher Kunstgewerbe und Manufakturen machten. Hier, in diesen kulturellen und ökonomischen Bereichen, löste Friedrich August wenigstens teilweise seine Verheißung eines »augusteischen« Zeitalters ein.

Unvergessen ist schließlich auch Augusts Bevölkerungspolitik. Hatten ihn Finanzkalamitäten einmal zum Verkauf eines sächsischen Regiments ins Ausland gezwungen, dann strapazierte der Kurfürst selbst seine einzigartigen Zeugungsqualitäten, um die schmerzliche Lücke aufzufüllen. Da die Kurfürstin verständlicherweise diesem Populationsdrang allein nicht zu genügen vermochte, wurden Damen der Gesellschaft, Mädchen aus dem Volke, Tänzerinnen aus Italien, Gräfinnen aus Polen, Haremsdamen aus der Türkei, Aktricen aus Frankreich und die Gattinnen seiner Minister, ja sogar früher gezeugte eigene Töchter ins augusteische Bett gelockt. Ein rundes Dutzend aus dieser weiblichen Legion avancierte zum halboffiziellen Mätressenstatus, und einige der Damen sicherten sich als Quasi-Königinnen einen intriganten Einfluß auf die sächsisch-polnische Politik: die Kessel, die Königsmark, die Esterle, die Türkin Fatime (alias Frau Spiegel), die Lubomirska (alias Reichsfürstin Teschen), die Cosel, die Duval, die Renard, die Duparc, die Dönhoff, die Orcelska, die Osterhausen, die Dieskau ...

Es ist sicherlich bereits deutlich geworden, daß Augusts Beiname »der Starke«, den er schon früh erhielt, kaum in erster Linie auf seine herkulischen Muskelkräfte gemünzt war. Viel frappanter als seine Hufeisenkunststücke und sonstigen zirzensischen Kraftakte erschien den Zeitgenossen von Anfang an die unerhörte Vielfalt seiner wenig (oder gar nicht) kaschierten und meist fruchtbaren Amouren: 354 (in Worten dreihundertvierundfünfzig) »natürliche« Kinder Augusts des Starken hat irgendwann ein höfischer Buchhalter saldiert.

Selbstverständlich hat es an – zeitgenössischen und späteren – Stimmen der Entrüstung und des Abscheus, vor allem aus dem von August »verratenen« protestantischen Lager, nie gefehlt; dem gestrengen Kritiker-Chorus muß zugegeben werden, daß Augusts Verhalten die Sitten seiner Zeit und seines Landes nicht eben christlich geläutert hat. Manches ging wahr und wahrhaftig über jede moralische Hutschnur – so zum Beispiel die sehr pikante Affäre, von der der Kulturhistoriker Johannes Scherr mißbilligend berichtet: »Mit welchem Zynismus alle Sitte und Scham mit Füßen getreten wurde, beweist unter zahllosen anderen Umständen auch der, daß August 1707 mit seiner damaligen Mätresse, der Gräfin Cosel, wettete, er könne ihre Scham auf einer Münze abbilden lassen; und wirklich, er gewann diese Wette, indem er die den Numismatikern wohlbekannten ›Coselgulden‹ schlagen ließ.«

Starker Tobak von August dem Starken.

Es ist eigentlich schade, daß sich die blütenreiche Beinamentradition in der neuesten Geschichte fast vollständig verloren hat, daß die latente Popularität dieser Zubenennungen nur noch in der politischen Satire, in der Glosse oder im Stammtischplausch einen späten Widerhall findet. Die Regierenden seit dem 18. Jahrhundert und erst recht in der Moderne – nun mit so unheroisch bürgerlichen Namen wie Meyer, Müller oder Schmidt – stehen den Geschichtsschreibern und Publizisten so deutlich und differenziert vor Augen, daß das holzschnittartige Attribut keine Chance mehr hat. Dennoch, der Impuls, sich die eine oder andere kantige, so oder so einprägsame Gestalt mit einem Beinamen alter Art vorzustellen, bleibt immerhin virulent. Hätte Konrad Adenauer tausend Jahre früher regiert, er wäre – so malt man sich aus – als Konrad der Gerissene, Konrad der Fuchs oder wenigstens Konrad der Alte in die Geschichtsbücher eingegangen. Sein Nachfolger Ludwig Erhard wäre über seinen Spitznamen zum chronikalischen Beinamen »der Dicke« gelangt, und einem unserer Bundespräsidenten wäre ein Zuname wie »der Einfältige« kaum erspart geblieben. Und leicht stellt man sich vor, daß ein bayerischer Landesherr vom Zuschnitt des FJS einst, im Kostüm eines Herzogs von Bayern, nicht ohne einen deftigen Beinamen davongekommen wäre: Franz Josef der ... Tja, sein Vorgänger vor tausend Jahren, wir haben ihn vorgestellt, hieß »der Zänker«, jedenfalls nördlich des Mains. Kaum mehr als bald verblaßte Spitznamen sind die Etikettierungen der Kanzler Kiesinger und Schmidt – »Silberzunge« und »Schmidt-Schnauze« –, und auch der »schwarze Riese« Kohl erreicht längst nicht den alten Beinamenrang. Kahl sind heute viele – *historisch* kahl aber bleibt allein unser Titelheld.

Kleines Beinamenbrevier

Zur Erklärung: Jahreszahlen hinter dem Namen nennen die Lebensdaten, Jahreszahlen nach dem Titel die Regierungszeit. Ist nur das Todesjahr zweifelsfrei bekannt, so erscheint die Zahl mit einem †. Von mehreren Titeln wird in der Regel nur der wichtigste angegeben. Auf die im Text dieses Buches behandelten Beinamen wird gesondert im folgenden Namenregister verwiesen.

Und schließlich: Dieses Beinamenbrevier erhebt natürlich keineswegs den Anspruch auf Vollständigkeit.

Abul-Abbas der Blutige, † 754, Abbasiden-Kalif
Albrecht der Bär, † 1170, Markgraf v. Brandenburg
Albrecht der Stolze, 1158–1195, Markgraf v. Meißen
Albrecht der Lange (der Große), 1236–1279, Herzog v. Braunschweig-Lüneburg
Albrecht der Minnesänger, † 1298, Graf v. Hohenberg-Zollern
Albrecht der Unartige (der Entartete), 1240–1314, Landgraf v. Thüringen-Meißen
Albrecht der Feiste, Herzog v. Braunschweig, 1279–1318
Albrecht der Lahme (der Weise), 1298–1358, Herzog v. Österreich
Albrecht der Schöne, † 1361, Burggraf v. Nürnberg
Albrecht mit dem Zopf, 1350–1395, Herzog v. Österreich
Albrecht der Geduldige, 1377–1404, Herzog v. Österreich
Albrecht der Fromme, 1401–1460, Herzog v. Bayern
Albrecht Achilles, 1414–1486, Kurfürst v. Brandenburg
Albrecht der Verschwender, 1418–1463, Herzog der Steiermark
Albrecht der Beherzte, 1443–1500, Herzog v. Sachsen
Albrecht der Weise, 1447–1508, Herzog v. Bayern-München
Albrecht Alcibiades, 1522–1557, Markgraf v. Brandenburg
Alexander der Gute, Hospodar der Moldau 1401–1432
Alfons der Keusche, 781–842, König v. Asturien
Alfons der Kämpfer, † 1134, König v. Aragon
Alfons der Eroberer, 1110–1185, König v. Portugal
Alfons der Edle, 1158–1214, König v. Kastilien
Alfons der Weise (der Astronom), 1221–1284, König v. Kastilien, deutscher König
Alfons der Großmütige, 1401–1458, König v. Aragon u. Neapel
Alfons der Afrikaner, 1432–1481, König v. Portugal
Amadeus der grüne Graf, 1334–1383, Graf v. Savoyen
Amadeus der Rote, 1360–1391, Graf v. Savoyen
Amadeus der Friedfertige, 1383–1451, Graf v. Savoyen
Andreas der Venezianer, König v. Ungarn 1290–1301
Antigonus der Einäugige, † 301 v. Chr., König v. Großphrygien
Antiochus der Retter, † 261 v. Chr., König von Syrien
Arnulf der Böse, † 937, Herzog v. Bayern
Arnulf der Alte, † 964, Graf v. Flandern
August der Starke (Friedrich August), 1670–1733, Kurfürst v. Sachsen u. König v. Polen

Balduin der Eisenarm, † 878, Graf v. Flandern
Balduin der Kahle, † 919, Graf v. Flandern
Balduin der Bärtige, † 1035, Graf v. Flandern
Balduin der Aussätzige, † 1183, König v. Jerusalem
Basileios der Bulgarentöter, 957–1025, Kaiser v. Byzanz
Bela der Blinde, König v. Ungarn 1131–1141
Berchtold mit dem Barte, † 1078, Herzog v. Kärnten
Bogdan der Einäugige, Hospodar der Moldau 1504–1517
Boleslaw der Grausame, Herzog v. Böhmen 935–967
Boleslaw der Fromme, Herzog v. Böhmen 967–999
Boleslaw der Rote, Herzog v. Böhmen 999–1002
Boleslaw Chrobry (der Tapfere), Herzog v. Polen 992–1025
Boleslaw Smialy (der Kühne, der Freigebige), Herzog u. König v. Polen 1058–1079
Boleslaw Schiefmund, Herzog v. Polen 1102–1138
Boleslaw Kraushaar, Herzog v. Polen 1146–1173
Boleslaw der Lange, Herzog v. Breslau 1163–1201
Boleslaw der Kahle (der Wilde), 1217–1278, Herzog v. Schlesien
Boleslaw der Schamhafte (der Keusche), 1226–1279, Herzog v. Krakau-Sandomir
Boleslaw der Fromme, Herzog v. Großpolen-Kalisch 1239–1279

Christian der Böse, 1481–1559, König v. Dänemark u. Schweden

Dedo der Fette, † 1190, Graf v. Meißen
Demetrius der Städteeroberer, † 283 v. Chr., mazedonischer König
Demetrius der Retter, König v. Syrien 161–151 v. Chr.
Demetrius der Falsche, † 1606, russischer Thronprätendent
Dietrich der Bedrängte, Markgraf v. Meißen 1197–1221
Dietrich der Weise, 1242–1285, Markgraf v. Landsberg
Dionysius der Gerechte, 1261–1325, König v. Portugal

Eberhard der Erlauchte, 1265–1325, Graf v. Württemberg
Eberhard der Greiner (der Rauschebart), 1315–1392, Graf v. Württemberg
Eberhard der Milde, 1364–1417, Graf v. Württemberg
Eberhard im Bart, 1445–1496, Graf v. Württemberg
Edgar der Friedfertige, † 975, englischer König
Eduard der Märtyrer, † 978, englischer König
Eduard der Bekenner, 1002–1066, englischer König
Eirik Blutaxt, † 954, norwegischer König
Ekbert der Einäugige, † 994, sächsischer Graf
Erich der Sieger, † 1427, Herzog v. Braunschweig-Grubenhagen
Erik der Siegreiche, † 994, König v. Schweden
Erik Ejegod (Immergut), König v. Dänemark 1095–1103
Erik Lamm, König v. Dänemark 1137–1146
Erik Pflugpfennig, König v. Dänemark 1241–1250
Erik Glipping (»der mit den Wimpern glippt« – Fontane), König v. Dänemark 1259–1286
Erik Menved (Manneswort), König v. Dänemark 1286–1319
Erik der Pommer, König v. Dänemark 1412–1439
Ernst der Eiserne, 1377–1424, Herzog v. Steiermark u. Kärnten
Ernst der Bekenner, 1497–1546, Herzog v. Braunschweig-Lüneburg

Ernst der Fromme, 1601–1675, Herzog v. Sachsen-Gotha
Ethelred der Unberatene, 968–1016, englischer König

Fabius Maximus Cunctator (der Zauderer), † 203 v. Chr., römischer Diktator
Ferdinand der Gerechte, 1380–1416, König v. Aragon
Ferdinand der Katholische, 1452–1516, König v. Aragon
Florens der Fette, † 1122, Graf v. Holland
Florens der Schwarze, † 1130, Graf v. Westfriesland
Friedrich der Einäugige, 1090–1147, Herzog v. Schwaben
Friedrich der Streitbare, † 1124, Graf v. Arnsberg
Friedrich Barbarossa (der Rotbart), 1122–1190, deutscher Kaiser
Friedrich der Streitbare, Herzog v. Österreich 1230–1246
Friedrich der Erlauchte, † 1289, Graf v. Zollern
Friedrich der Ritter, † 1298, Graf v. Zollern
Friedrich der Kleine, † 1316, Markgraf v. Meißen
Friedrich der Gebissene (der Freidige), 1257–1324, Landgraf v. Thüringen
Friedrich der Schöne, 1286–1330, deutscher König
Friedrich der Lahme, † 1315, Landgraf v. Thüringen
Friedrich Ostertag, † 1333, Graf v. Zollern
Friedrich der Ernste, Landgraf v. Thüringen 1324–1349
Friedrich der Strenge, 1332–1381, Landgraf v. Thüringen
Friedrich der Streitbare, 1370–1428, Kurfürst v. Sachsen
Friedrich mit der leeren Tasche, 1382–1439, Herzog v. Österreich
Friedrich der Friedfertige (der Einfältige), 1385–1440, Landgraf v. Thüringen
Friedrich der Reiche, Herzog v. Bayern-Landshut 1392–1393
Friedrich der Sanftmütige, 1412–1464, Kurfürst v. Sachsen
Friedrich Eisenzahn (der Eiserne), 1413–1471, Kurfürst v. Brandenburg
Friedrich der Siegreiche, 1425–1476, Kurfürst v. d. Pfalz
Friedrich der Fette, 1422–1463, Markgraf v. Brandenburg
Friedrich der Alte, 1460–1536, Markgraf v. Ansbach
Friedrich der Weise, 1463–1525, Kurfürst v. Sachsen
Friedrich der Weise, 1482–1556, Kurfürst v. d. Pfalz
Friedrich der Fromme, 1515–1576, Kurfürst v. d. Pfalz
Friedrich mit dem silbernen Bein, 1633–1708, Landgraf v. Hessen-Homburg
Friedrich August der Gerechte, 1750–1827, König v. Sachsen
Friedrich Wilhelm Postumus, 1603–1669, Herzog v. Sachsen-Altenburg

Gaius Julius Caesar Caligula (das Stiefelchen), 12–41, römischer Kaiser
Georg der Reiche, 1455–1503, Herzog v. Bayern-Landshut
Georg der Bärtige, 1471–1539, Herzog v. Sachsen
Georg der Fromme, 1484–1543, Markgraf v. Ansbach-Jägerndorf
Georg der Schwarze, 1523–1586, Herzog v. Brieg
Georg der Fromme, 1547–1597, Landgraf v. Hessen-Darmstadt
Gerhard der Blinde, † 1312, Graf v. Holstein
Gerhard der Mutige, 1430–1499, Graf v. Oldenburg-Delmenhorst
Gorm der Alte, dänischer König um 920
Gottfried der Gefangene, † 1005, Graf v. Verdun
Gottfried der Bärtige, Herzog v. Lothringen 1044–1069
Gottfried der Höckrige (der Bucklige), Herzog v. Niederlothringen 1069–1076
Gottfried mit dem Barte, † 1139, Graf v. Löwen
Gottfried (Götz) von Berlichingen mit der eisernen Hand, 1480–1562
Günther der Reiche, † 1552, Graf v. Schwarzburg

Günther der Streitbare, † 1583, Graf v. Schwarzburg
Guntram der Reiche, elsässischer Graf um 950

Hakon der Gute, König v. Norwegen 935–961
Hakon der Alte, 1204–1263, König v. Norwegen
Halvdan der Freigebige, norwegischer Fürst um 900
Halvdan der Schwarze, norwegischer Fürst des 9. Jahrhunderts
Harald der Kriegszahn, † 695, dänischer König
Harald Rotlipp, norwegischer Fürst um 900
Harald Schönhaar, † 933, König v. Norwegen
Harald Blauzahn, ca. 910–986, König v. Dänemark
Harald Hasenfuß, König v. Dänemark 1035–1040
Harald der Strenge, † 1060, König v. Norwegen
Heinrich der Vogler, 876–936, deutscher König
Heinrich der Zänker, 951–995, Herzog v. Bayern
Heinrich Beauclerk (etwa: der schöne Schreiber), König v. England 1100–1135
Heinrich der Stolze, ca. 1108–1139, Herzog v. Bayern u. Sachsen
Heinrich der Fromme, † ca. 1120, Voigt des Voigtlandes
Heinrich der Schwarze, Herzog v. Bayern 1120–1126
Heinrich der Reiche, Voigt des Voigtlandes um 1150
Heinrich Jasomirgott, ca. 1114–1177, Herzog v. Österreich
Heinrich der Löwe, 1129–1195, Herzog v. Sachsen u. Bayern
Heinrich der Blinde, 1136–1196, Graf v. Luxemburg
Heinrich Raspe (etwa: der tapfere Kämpfer), 1204–1247, Landgraf v. Thüringen,
   deutscher Gegenkönig
Heinrich der Schwarze, † 1228, Graf v. Schwerin
Heinrich der Bärtige, † 1238, Herzog v. Breslau
Heinrich der Erlauchte, 1215–1288, Markgraf v. Meißen
Heinrich der Großmütige, Herzog v. Brabant 1235–1248
Heinrich der Fromme, Herzog v. Niederschlesien 1238–1241
Heinrich das Kind, 1244–1308, Landgraf v. Hessen
Heinrich der Blonde, 1246–1281, Graf v. Luxemburg
Heinrich der Dicke, † 1296, Herzog v. Schlesien
Heinrich der Wunderliche, ca. 1267–1322, Herzog v. Braunschweig-Grubenha-
   gen
Heinrich der Pilger, † 1302, Fürst v. Mecklenburg
Heinrich Anelant (ohne Land), Markgraf v. Brandenburg 1294–1318
Heinrich der Löwe, Fürst v. Mecklenburg 1302–1329
Heinrich der Eiserne, ca. 1317–1383, Graf v. Holstein
Heinrich der Grieche, † 1351, Herzog v. Braunschweig-Grubenhagen
Heinrich der Eiserne, † 1376, Landgraf v. Hessen
Heinrich mit der Schramme, 1344–1399, Herzog v. Brieg
Heinrich der Reiche, 1386–1450, Herzog v. Bayern-Landshut
Heinrich der Seefahrer, 1394–1460, Infant v. Portugal
Heinrich der Friedsame, 1411–1473, Herzog v. Braunschweig
Heinrich der Ohnmächtige, 1425–1474, König v. Kastilien
Heinrich der Fromme, 1473–1541, Herzog v. Sachsen
Heinrich der Friedfertige, 1479–1552, Herzog v. Mecklenburg
Heinrich der Jüngere Postumus, 1572–1635, Graf v. Gera
Hermann der Lange, Markgraf v. Brandenburg 1298–1308
Hermann der Gelehrte, 1340–1413, Landgraf v. Hessen
Hugo der Weiße (der Große), Herzog v. Franzien 923–956

Hugo Capet (etwa: das Mäntelchen), König v. Frankreich 987–996
Humbert Weißhand, Graf v. Savoyen 1027–1048

Iwan Kalita (der Geldbeutel), Großfürst v. Moskau 1328–1340
Iwan der Schreckliche, 1530–1584, Zar v. Rußland

Jakob der Eroberer, 1205–1276, König v. Kastilien u. Aragon
Jakob der Gerechte, 1262–1327, König v. Katalonien-Aragon
Jaroslaw der Weise, 978–1054, Fürst v. Kiew
Joachim Nestor, 1488–1535, Kurfürst v. Brandenburg
Joachim Hektor, 1505–1571, Kurfürst v. Brandenburg
Johann ohne Land, 1167–1216, König v. England
Johann Parricida (der Königsmörder) 1290–1308 (?), Herzog in Schwaben
Johann der Gute, 1319–1364, König v. Frankreich
Johann der Siegreiche, † 1355, Herzog v. Brabant
Johann der Erwerber, † 1357, Burggraf v. Nürnberg
Johann der Milde, † 1359, Graf v. Holstein
Johann ohne Furcht (der Unerschrockene), 1371–1419, Herzog v. Burgund
Johann der Unechte, 1385–1433, König v. Portugal
Johann der Alchimist, 1403–1464, Markgraf v. Brandenburg
Johann Cicero, 1455–1499, Kurfürst v. Brandenburg
Johann der Vollkommene, 1455–1495, König v. Portugal
Johann der Beständige, 1468–1532, Kurfürst v. Sachsen
Johanna die Wahnsinnige, 1479–1555, Königin v. Spanien
Johann Friedrich der Großmütige, 1503–1554, Kurfürst v. Sachsen
Johann Georg der Ökonom, 1525–1598, Kurfürst v. Brandenburg
Johann Moritz der Brasilianer, 1604–1679, Graf v. Nassau-Siegen
Jos Niklaus der Natterer, 1433–1488, Graf v. Hohenzollern

Karl Martell (der Hammer), ca. 689–741, fränkischer Majordomus
Karl der Kahle, 823–877, karolingischer Kaiser
Karl der Dicke, 839–888, karolingischer Kaiser
Karl der Einfältige, 879–929, König v. Frankreich
Karl der Hinkende, 1246–1309, König v. Neapel
Karl der Schöne, 1294–1328, König v. Frankreich
Karl der Böse, König v. Navarra, 1350–1387
Karl der Weise (der Gelehrte), 1337–1380, König v. Frankreich
Karl der Kleine, 1345–1386, König v. Neapel
Karl der Wahnsinnige, 1368–1422, König v. Frankreich
Karl der Edle, 1387–1425, König v. Navarra
Karl der Siegreiche, 1403–1461, König v. Frankreich
Karl der Kriegerische, 1427–1475, Markgraf v. Baden
Karl der Kühne, 1433–1477, Herzog v. Burgund
Kasimir der Erneuerer, Herzog v. Polen 1038–1058
Kasimir der Gerechte, Herzog v. Polen 1177–1194
Katharina die Heldenmütige, 1509–1567, Gräfin zu Schwarzburg
Khosrev der Unsterbliche, 531–579, persischer König
Konrad Kurzbold (der Weise), † 949, Graf vom Niederlahngau
Konrad der Rote, † 955, Herzog v. Lothringen
Konrad der Salier, deutscher Kaiser 1024–1039
Konrad die Blume (die Blume der Sachsen), † 1132, Graf v. Plötzkau
Konrad der Rote, † 1503, Herzog v. Masowien

Ladislaus Postumus, König v. Ungarn 1439–1453
Lambert der Kahle, † 872, Graf v. Capua
Lambert der Bärtige, Graf v. Löwen 994–1015
Leon der Weise, 886–912, Kaiser v. Byzanz
Leopold der Schöne, 1050–1096, Markgraf v. Österreich
Leopold der Fromme (der Heilige), † 1136, Markgraf v. Österreich
Leopold der Glorreiche, Herzog v. Österreich 1194–1230
Leszek der Weiße, † 1227, Herzog v. Krakau
Leszek der Schwarze, † 1288, Herzog v. Krakau
Lorenzo der Herrliche (il Magnifico), 1449–1497, Fürst v. Florenz
Ludwig der Fromme, 778–840, karolingischer Kaiser
Ludwig der Deutsche, ca. 806–876, karolingischer König
Ludwig der Stammler, karolingischer König 877–879
Ludwig das Kind, 893–911, ostfränkischer König
Ludwig der Blinde, † 928, karolingisch-römischer Kaiser
Ludwig der Überseeische, König v. Frankreich 936–954
Ludwig der Nichtstuer (der Faule), König v. Frankreich 986–987
Ludwig der Bärtige, thüringischer Graf des 11. Jahrhunderts
Ludwig der Springer, ca. 1042–1123, Landgraf v. Thüringen
Ludwig der Dicke, 1081–1137, König v. Frankreich
Ludwig der Eiserne, 1128–1172, Landgraf v. Thüringen
Ludwig der Junge, 1121–1180, König v. Frankreich
Ludwig der Löwe, 1187–1226, König v. Frankreich
Ludwig der Milde (der Fromme), Landgraf v. Thüringen 1172–1190
Ludwig der Strenge, 1229–1294, Herzog v. Bayern
Ludwig der Zänker, 1289–1316, König v. Frankreich
Ludwig der Römer, 1330–1365, Markgraf v. Brandenburg
Ludwig der Bärtige (im Bart), 1365–1447, Herzog v. Bayern
Ludwig der Bucklige, 1403–1445, Herzog v. Bayern
Ludwig der Reiche, 1417–1479, Herzog v. Bayern-Landshut
Ludwig der Sanftmütige, 1424–1449, Kurfürst v. d. Pfalz
Ludwig der Friedfertige, 1478–1544, Kurfürst v. d. Pfalz
Ludwig der Getreue, 1577–1626, Landgraf v. Hessen-Darmstadt

Magnus der Gute, König v. Norwegen 1035–1047
Magnus Barfuß, König v. Norwegen 1093–1103
Magnus Lagoboetir (der Gesetzesverbesserer), 1238–1280, König v. Norwegen
Magnus mit der Kette, 1328–1373, Herzog v. Braunschweig-Lüneburg
Magnus der Fromme, † 1369, Herzog v. Braunschweig-Lüneburg
Margarete die Schwarze, † 1279, Gräfin v. Flandern
Margarete Maultasch, 1318–1369, Gräfin v. Tirol u. Herzogin v. Kärnten
Maria die Blutige (die Katholische), 1516–1585, Königin v. England
Michael der Tapfere, 1548–1601, Fürst der Walachei
Mieszko der Alte, Herzog v. Großpolen 1173–1202
Mircea der Alte, Fürst der Walachei 1386–1418

Nikolaus das Kind, † 1314, Graf v. Mecklenburg
Nikolaus Radziwill der Schwarze, † 1565, litauischer Großkanzler
Nikolaus Radziwill der Rote, † 1584, litauischer Großkanzler

Olaf der Dicke (der Heilige), König v. Norwegen 1015–1030
Olaf Kyrre (der Stille), † 1093, König v. Norwegen

Otto der Erlauchte, Herzog v. Sachsen 880–912
Otto der Reiche, 1125–1190, Markgraf v. Meißen
Otto das Kind, 1204–1252, Herzog v. Braunschweig-Lüneburg
Otto der Erlauchte, Herzog v. Bayern 1231–1253
Otto mit dem Pferdefuß, † 1272, Graf v. Geldern
Otto der Strenge, ca. 1266–1330, Herzog v. Braunschweig-Lüneburg
Otto der Lange, Markgraf v. Brandenburg 1267–1298
Otto mit dem Pfeil, Markgraf v. Brandenburg 1281–1309
Otto der Tarentiner, ca. 1319–1399, Herzog v. Braunschweig-Lüneburg
Otto der Faule, ca. 1341–1379, Kurfürst v. Brandenburg
Otto der Schütz, † 1377, Landgraf v. Hessen
Otto der Quade (der Böse), † 1394, Herzog v. Braunschweig-Lüneburg
Otto der Einäugige, Herzog v. Braunschweig 1394–1463

Pandulf der Eisenkopf, † 981, Herzog v. Capua u. Benevent
Peter der Katholische, König v. Aragon 1190–1213
Peter der Grausame, 1334–1369, König v. Kastilien
Philipp der Kühne, 1245–1285, König v. Frankreich
Philipp der Schöne, 1268–1314, König v. Frankreich
Philipp der Lange, 1293–1322, König v. Frankreich
Philipp der Kühne, 1342–1404, Herzog v. Burgund
Philipp der Gute, 1396–1467, Herzog v. Burgund
Philipp der Aufrichtige, 1448–1508, Kurfürst v. d. Pfalz
Philipp der Schöne, 1478–1506, Erzherzog v. Österreich u. König v. Spanien
Philipp der Großmütige, 1504–1567, Landgraf v. Hessen
Philippe Égalité, 1747–1793, Herzog v. Orléans
Pippin der Kleine (der Kurze, der Fromme, der Jüngere), † 768, fränkischer König
Pippin der Bucklige, 769–811, Sohn Karls des Großen

Ragnar Lodbrok (Lodenhose), Wikingerfürst des 9. Jahrhunderts
Ramiro der Mönch, König v. Aragon 1134–1137
Reginar Langhals, † 915, Graf im Hennegau
Reinald der Streitbare, Graf v. Geldern 1272–1326
Reinald der Schwarze, Graf v. Geldern 1326–1343
Richard Ohnefurcht, † 996, Graf der Normandie
Richard Löwenherz, 1157–1199, König v. England
Robert der Tapfere, fränkischer Fürst des 9. Jahrhunderts
Robert der Fromme (der Weise), 970–1031, König v. Frankreich
Robert der Teufel, † 1035, Herzog der Normandie
Robert Guiscard (Schlaukopf), † 1085, Herzog v. Apulien u. Sizilien
Robert Kurzhose, Herzog der Normandie 1087–1106
Robert der Friese, † 1093, Graf v. Flandern
Rudolf der Wecker, † 1348, Markgraf v. Baden
Rudolf der Stifter, 1339–1365, Herzog v. Österreich
Rudolf der Lange, † 1372, Markgraf v. Baden
Rudolf der Tapfere, ca. 1466–1510, Fürst v. Anhalt
Ruprecht Clem (etwa: der Karge), 1352–1410, Kurfürst v. d. Pfalz, deutscher König
Ruprecht der Streitbare, † 1390, Graf v. Nassau-Sonnenburg
Ruprecht der Kavalier, 1619–1682, Prinz v. d. Pfalz

Sancho der Weise, König v. Navarra 1150–1194
Sancho der Starke, König v. Navarra 1194–1234

Scipio Aemilianus Africanus, 185–129 v. Chr., römischer Konsul u. Feldherr
Seleukos der Siegreiche, 358–280 v. Chr., syrischer König
Selim der Strenge, 1467–1520, Sultan des osmanischen Reiches
Sigrid die Stolze, schwedische Königin 994–998
Sigurd Jorsalfarer (Jerusalemfahrer), † 1130, norwegischer König
Stephan mit der Hafte, † 1375, Herzog v. Bayern
Stephan der Kneißel, Herzog v. Bayern 1375–1413
Suleiman der Prächtige, osmanischer Sultan 1520–1526
Sven Gabelbart, 965–1014, dänischer König

Thomas der Slawe, † 823, kleinasiatischer Usurpator

Ulrich mit dem Daumen (der Stifter), Graf v. Württemberg 1241–1265
Ulrich der Wilde, † 1328, pfälzischer Ritter
Ulrich der Vielgeliebte, 1413–1480, Graf v. Württemberg

Waldemar der Sieger, 1170–1241, König v. Dänemark
Waldemar Atterdag, ca. 1320–1375, König v. Dänemark
Waldemar der Falsche (auch: Woldemar), † 1356, brandenburgischer Prätendent
Wassilij der Geblendete, † 1464, Großfürst v. Moskau
Welf der Dicke, 1072–1120, Herzog v. Bayern
Wilfried der Behaarte, Graf v. Barcelona 873–898
Wilhelm Eisenarm, Graf v. Apulien 1042–1046
Wilhelm der Eroberer, ca. 1027–1087, König v. England
Wilhelm der Rote, 1056–1100, König v. England
Wilhelm der Löwe, König v. Schottland 1165–1214
Wilhelm der Böse, † 1166, König v. Sizilien
Wilhelm Langschwert, † 1177, Markgraf v. Montferrat
Wilhelm der Gute, 1153–1189, König v. Sizilien
Wilhelm der Gute, † 1337, Graf v. Hennegau u. Holland
Wilhelm der Einäugige, 1343–1407, Markgraf v. Meißen
Wilhelm der Freundliche, 1370–1406, österreichischer Herzog
Wilhelm der Siegreiche, 1400–1482, Herzog v. Braunschweig-Lüneburg
Wilhelm der Tapfere, 1425–1462, Herzog zu Sachsen
Wilhelm der Reiche, 1487–1559, Graf v. Nassau-Katzenellenbogen
Wilhelm der Schweiger, 1533–1583, Prinz v. Nassau-Oranien, Statthalter der Niederlande
Wilhelm der Fromme, 1579–1626, Herzog v. Bayern
Wilhelm der Gerechte, 1629–1663, Landgraf v. Hessen
Wladyslaw Laskonogi (Dünnbein), † 1231, Fürst v. Großpolen
Wladyslaw Lokietek (Ellenlang), 1260–1333, König v. Polen

Namensregister

Europa
im
Mittelalter

Joachim Bumke:
Höfische Kultur
Literatur und
Gesellschaft im
hohen Mittelalter
2 Bände
dtv 4442

Ferdinand
Gregorovius:
Geschichte
der Stadt Rom
im Mittelalter
7 Bände, dtv 5960

Kaiser Friedrich II
Sein Leben in
zeitgenössischen
Berichten
Herausgegeben von
Klaus J. Heinisch
dtv 2901

Kaiser und Reich
Klassische Texte
zur Verfassungs-
geschichte des
Heiligen Römischen
Reiches deutscher
Nation
Herausgegeben von
Arno Buschmann
dtv 4384

Franz Irsigler/
Arnold Lassotta:
Bettler und Gaukler,
Dirnen und Henker
Außenseiter
in einer mittel-
alterlichen Stadt
Köln 1300-1600
dtv 11061

Reinhard Lebe:
Als Markus nach
Venedig kam
Venezianische
Geschichte im
Zeichen des
Markuslöwen
dtv 11060

Régine Pernoud:
Königin der
Troubadoure
Eleonore von
Aquitanien
dtv 1461

Régine Pernoud:
Christine de Pizan
Das Leben einer außer-
gewöhnlichen Frau
und Schrifstellerin
im Mittelalter
dtv 11192 (März 1990)

Der Prozeß
Jeanne d'Arc
Hrsg. von Ruth
Schirmer-Irmhoff
dtv 2909

Philippe Reliquet:
Ritter, Tod und Teufel
Gilles de Rais oder
Die Magie des Bösen
dtv 11174

Barbara Tuchmann:
Der ferne Spiegel
Das dramatische
14. Jahrhundert
dtv 10060

Historische Romane im dtv

Alfred Döblin:
Wallenstein
Roman

dtv

Robert
von Ranke Graves:
Ich, Claudius,
Kaiser und Gott

dtv/List

Michel Ragon:
Die roten Tücher
von Cholet
dtv 11066

Sven Delblanc:
Speranza
dtv/Klett-Cotta
10459

Alfred Döblin:
Wallenstein
dtv 2425

Umberto Eco:
Der Name der Rose
dtv 10551

Gertrud Fussenegger:
Die Brüder von
Lasawa
dtv 10843

Eveline Hasler:
Anna Göldin
Letzte Hexe
dtv 10457

Eveline Hasler:
Ibicaba
Das Paradies in
den Köpfen
dtv 10891

Selma Lagerlöf:
Gösta Berling
dtv 1441

Robert von
Ranke Graves:
Ich, Claudius,
Kaiser und Gott
dtv 1300

Jakob Wassermann:
Caspar Hauser oder
Die Trägheit des
Herzens
dtv 10192

Marguerite
Yourcenar:
Ich zähmte die
Wölfin
Die Erinnerungen
des Kaisers Hadrian
dtv 1394